本书为陕西省社会科学基金项目"习近平新时代绿色发展理念的科学逻辑研究"（项目编号：2019D004）的阶段性成果

政治经济学视域下
中国农村生态环境问题研究

李雪娇 著

中国社会科学出版社

图书在版编目（CIP）数据

政治经济学视域下中国农村生态环境问题研究/李雪娇著． —北京：中国社会科学出版社，2021.10
ISBN 978-7-5203-9304-1

Ⅰ．①政⋯　Ⅱ．①李⋯　Ⅲ．①农村生态环境—环境管理—研究—中国　Ⅳ．①F323.22

中国版本图书馆 CIP 数据核字（2021）第 222066 号

出 版 人	赵剑英
责任编辑	王　曦
责任校对	殷文静
责任印制	戴　宽

出　　版	中国社会科学出版社
社　　址	北京鼓楼西大街甲 158 号
邮　　编	100720
网　　址	http://www.csspw.cn
发 行 部	010-84083685
门 市 部	010-84029450
经　　销	新华书店及其他书店

印刷装订	北京君升印刷有限公司
版　　次	2021 年 10 月第 1 版
印　　次	2021 年 10 月第 1 次印刷

开　　本	710×1000　1/16
印　　张	13
插　　页	2
字　　数	169 千字
定　　价	69.00 元

凡购买中国社会科学出版社图书，如有质量问题请与本社营销中心联系调换
电话：010-84083683
版权所有　侵权必究

序

改革开放以来，中国的乡村面貌发生了重大而深刻的变化，但农村的生态文明建设依然落后。按照乡村振兴战略确立的目标，到2050年要实现乡村全面振兴，农业强、农村美、农民富。这其中，生态宜居是乡村振兴的关键所在。在2021年中央农村工作会议上，习近平总书记强调：要加强农村生态文明建设，保持战略定力，以钉钉子精神推进农业面源污染防治，加强土壤污染、地下水超采、水土流失等治理和修复，为实现乡村生态振兴指明了方向。本书聚焦乡村发展中的生态环境治理问题，具有重要的理论和现实意义。

乡村建设中的环境治理问题是各级经济主体基于自身的利益诉求进行行为选择的结果，其根本在于物质利益格局的演化，而制度安排和激励机制在其中发挥了规范和引导的作用。本书基于政治经济学利益分析的方法，借鉴我在2013年在《经济学家》发表的《发展的政治经济学：一个理论分析框架》，采用利益格局变化—主体行为选择—制度安排规范—激励机制设计的政治经济学分析框架对中国农村的生态环境问题的形成机理展开研究，并基于利益格局、主体行为、制度安排、激励机制四个层次进一步对农村自我污染和城市向农村污染转移两个方面的影响因素进行了实证检验。最后基于理论和实证研究的主要结论，结合中国乡村振兴和生态建设的现实背景，提出农村生态环境治理、实现乡村生态振兴的政策建议。

在中国乡村建设的生态环境问题上，本书主要回答了以下几个基本问题：第一，经济发展的资源稀缺性造成不同的利益诉求之间存在一定的竞争性，利益格局的演变如何驱动农村生态环境问题；第二，农村的生态破坏和环境污染行为是各级经济主体的自发选择，地方政府、生产企业和城乡家庭的行为选择结果为何造成农村发展的异化；第三，中国农村发展的过程中，有关农村生态环境治理的正式制度和非正式制度的历史变革，是否对经济主体的行为起到有效的制约；第四，生态激励机制的有效性决定经济发展方式转型的效率和速度，农村生态环境治理过程中针对不同经济主体的激励手段是否达成预期的激励目标，施行的过程中存在哪些问题；第五，农村自我污染和城市向农村污染转移的形成原因和影响因素有哪些，应如何根据其内在机理提出农村生态环境治理的政策设计。对这些问题的回答赋予本书重要的学术价值和时代意义。

本书作者李雪娇是我指导的博士，她2014年考入西北大学经济管理学院，开始政治经济学理论学习和学术研究，其间她聚焦生态文明建设的相关问题，在《经济学家》《改革》《中国人口·资源与环境》等发表了论文8篇。在王立胜和程恩富主编的《中国政治经济学学术影响力评价报告2019》中，有两篇文章入选"政治经济学视野下的新发展理念研究"最有影响力的十篇学术论文（2016—2018），她撰写的论文多次入选理论经济学全国性学术讨论会，获得了第六届全国马克思主义研究优秀成果奖、西北大学优秀毕业生、何炼成奖等多项荣誉，2018年12月毕业之后赴西安电子科技大学任教。该书是其博士论文的拓展版，其中部分章节的核心内容已经公开发表。

希望该书的出版能够成为李雪娇博士学术生涯的新起点，期待她的研究不断深入，在该领域取得更大的成绩，不负时代和韶华。

西北大学经济管理学院教授

何爱平　谨序

2021年9月

前　言

改革开放以来，中国经济一直保持中高速增长，创造了举世瞩目的发展奇迹。同时，以资源消耗和自然环境为代价的粗放型经济增长模式也造成了严重的生态破坏和污染问题，农村就是其中重要的一个污染领域。让居民望得见山、看得见水、记得住乡愁，是实现乡村振兴的题中应有之义。农村的自我污染和城市向农村的污染转移不仅掣肘乡村振兴，也阻碍新时代的生态文明建设。打造生态宜居的美丽乡村，是推进乡村振兴战略的重要一环，本书从马克思主义政治经济学的视野出发研究农村生态环境问题，探索新时代解决农村生态环境问题的可行方案，对环境污染治理和农村的生态振兴具有重要的理论和现实意义。

本书在总结马克思生态思想和城乡关系理论的基础上，以马克思主义政治经济学的利益分析为切入点，构建了"利益格局变化—主体行为调整—制度安排规范—激励机制设计"的政治经济学一般分析框架来剖析造成农村生态环境问题的深层原因。分别从利益关系、行为选择、制度安排、激励设计四个层面阐释了中国农村生态环境恶化的内在机理，深入挖掘造成农村生态恶化和环境污染的内在原因，进而利用中国省级面板数据分别对农村自我污染和城乡污染转移两种污染源的影响因素进行了实证研究。最后，在理论和实证研究的基础上本书提出了解决农村生态环境问题的政策建议。

本书的主要研究结论如下：（1）农村生态破坏和环境污染是经济主体在一定的制度框架和激励结构中，为实现自身利益诉求的最大化而进行行为选择的结果，其核心是利益格局的调整，本质上是一个政治经济学问题。（2）内在的利益诉求是驱动农村自我污染和城市向农村污染转移的核心。经济资源的稀缺性导致农民必须在经济利益与环境利益、长期利益与短期利益、个体利益和集体利益中做出取舍。城市和农村两大区域存在利益竞争，经济发展的梯度造成了农村环境利益和城市经济利益的交换，而城市的领先发展使其具有较强的政策影响力，可以通过交换和强占两种方式实现对乡村环境利益的掠夺。（3）各级经济主体最大化自身利益诉求所进行的行为选择是造成农村生态环境质量下降的根本原因。家庭不合理的消费习惯导致消费异化，企业高污染的生产方式导致生产异化，地方政府管理不当导致发展异化。政府的锦标赛竞争和自负盈亏的财政体制决定了其经济利益和城市地区的偏好，城市日渐提高的环境标准和人力成本挤出了高消耗高污染企业，迫使其向农村转移。农村企业将清洁产品输送到城市，生产过程中的污染却留在了农村。（4）完善的制度安排是农村保护生态和治理环境的前提和保障，农村经济能否顺利实现绿色转型，关键在于能否建立起与之相适应的制度体系。中国环境制度长期供给不足，尤其是农村生态环境制度供给严重失衡。农村环境制度供给的滞后性主要表现在环境保护滞后于经济发展、农村落后于城市两个方面。（5）绿色发展视域下农村生态环境问题的导向是激励机制设计。激励机制决定了人们在正确的行为选择集合中行动的主观能动性，即使人们都在制度规定的范围内行动，个人利益和集体利益的目标保持一致，经济主体付诸行动的主观能动性依然会影响经济社会发展规模和效率，而激励机制的设计就是为了保证人们选择行为的积极性。

本书的创新点：一是将生态环境问题纳入发展的研究视域，从绿色发展的视角看待农村生态破坏和环境污染的内在机理和破解路径；二是建立了分析农村生态环境问题的政治经济学分析框架；三是从农村自身因素和城乡转移两个层面研究农村生态环境问题，全面系统地挖掘造成农村生态环境问题的深层原因。

目 录

第一章 导言 ……………………………………………………（1）

第一节 研究背景与研究意义 ……………………………（1）

第二节 研究目标与研究方法 ……………………………（7）

第三节 研究思路与研究内容 ……………………………（9）

第四节 创新点 ……………………………………………（13）

第二章 相关文献综述 ……………………………………（15）

第一节 生态环境理论的研究进展 ………………………（15）

第二节 中国农村生态环境质量评价的研究 ……………（18）

第三节 农村生态环境的影响因素研究 …………………（20）

第四节 农村生态环境治理研究 …………………………（24）

第五节 相关研究的简要述评 ……………………………（27）

第三章 中国农村生态环境问题的政治经济学分析框架 ………（30）

第一节 马克思主义政治经济学的相关理论论述 ………（30）

第二节 西方经济学的相关理论论述 ……………………（35）

第三节　中国农村生态环境问题政治经济学分析框架的构建……（40）

第四章　中国农村生态环境问题的利益格局分析……………（46）
　　第一节　农村自我破坏和污染的利益格局分析……………（47）
　　第二节　城市对农村环境掠夺的利益格局分析……………（56）

第五章　中国农村生态环境问题的行为选择分析……………（65）
　　第一节　政府的行为选择分析…………………………………（65）
　　第二节　企业的行为选择分析…………………………………（70）
　　第三节　家庭的行为选择分析…………………………………（75）

第六章　中国农村生态环境问题的制度安排分析……………（81）
　　第一节　制度对农村生态环境保护的作用……………………（81）
　　第二节　中国农村生态环境制度供给的历史演变……………（87）
　　第三节　中国农村现行的生态环境制度供给分析……………（99）

第七章　中国农村生态环境问题的激励机制分析……………（105）
　　第一节　农村生态环境问题中的政府激励机制分析…………（106）
　　第二节　农村生态环境问题中的企业激励机制分析…………（112）
　　第三节　农村生态环境问题中的家庭激励机制分析…………（117）

第八章　农村自我污染的实证研究……………………………（122）
　　第一节　理论分析与研究假说…………………………………（124）
　　第二节　数据选择和模型设定…………………………………（127）
　　第三节　实证结果及解释………………………………………（131）
　　第四节　研究结论与政策启示…………………………………（138）

第九章 城乡污染转移的实证研究 ……………………（140）
  第一节 理论机理与研究假说 ……………………………（142）
  第二节 数据选择和模型设定 ……………………………（145）
  第三节 实证结果及解释 …………………………………（149）
  第四节 研究结论与政策启示 ……………………………（158）

第十章 改善中国农村生态环境的政策建议 ……………（159）
  第一节 整合利益关系,城乡协作推进农村绿色发展 ………（159）
  第二节 规范主体行为,减少污染总量,限制污染转移 ………（161）
  第三节 完善制度安排,保障农村经济实现绿色转型 ………（163）
  第四节 优化激励机制,城乡共同参与生态环境保护 ………（165）
  第五节 结论和进一步研究的方向 ………………………（167）

参考文献 ……………………………………………………（173）

第一章　导言

第一节　研究背景与研究意义

一　研究背景

改革开放四十多年来，中国创造了经济增长的奇迹，但是这种粗放式的增长奇迹是以资源的大量消耗和环境污染为代价的。2016 年，我国废水排放量突破 700 亿吨，一般工业固体废物产生量约为 31 亿吨，废气中二氧化硫排放量为 1102.86 万吨，与 1990 年相比，只有二氧化硫排放量出现小幅下降，废水和固体废物排放分别增长了 100% 和 435%。《第一次全国污染源普查公报》显示，农村尤其是农业生产已经成为主要的污染来源，其中 48.9% 的污染源来自农业，几乎相当于工业源和生活源的总和。在主要污染物排放量中（见表 1 - 1），2017 年农业生产排放的化学需氧量占到总排放量的 49.8%。作为生产初级生产资料的基础产业，必须要实现农业的绿色转型，只有实现了清洁农业，才更有利于支持发展低碳工业和环保服务业。同时，散落在农村周边的乡镇企业排污强度也远远高于全国平均水平，而且乡镇企业的污染治理程度又很低,加重了农村的环境污染(郑易生,2002)。此外,绝大部分的生活垃圾污染也来自农村,生活污染源的普查显示城镇居民生活污染源仅占到了不到2%。除此之外,城市向农村的污染转移也加重了农村的生态环境压力,统计显示,城市向农村转移的生活垃圾也不容小觑,2016年中国城市生活垃圾清运量高达2.15亿吨,比2006年增长了45.2%。可见,我国农村生态环境问题十分严峻,包括农村自我发展和城乡污染转移两种类型导致的农村生态退化和环境污染问题已经成为制约农村经济发展的重要瓶颈。

表1-1　　　　　　　　2017年农业源水污染物排放量　　　　　　　单位:万吨

	化学需氧量	总氮排放量	磷排放量	氨氮排放量
种植业	—	71.95	7.62	8.30
畜禽养殖业	1000.53	59.63	11.97	11.09
水产养殖业	66.60	8.21	1.61	2.23

资料来源:根据《第二次全国污染源普查公报》整理。

农村的生态问题同样十分严峻,石油农业和过度垦牧造成了农村严重的土壤污染和土地荒漠化。如图1-1所示,石油产品在农业生产中的投放量呈明显上升趋势,过量投入在提高农业产量的同时也造成了严峻的面源污染。中国的化肥生产量和投放量均占到世界的三成以上,单位耕地面积的化肥施用量是世界平均水平的2.9倍,是美国的3.25倍;在最近的三十年里农药投放量增长136%,农用薄膜的投入量更是翻了接近两番。然而,基于生产方式和技术的限制,农作物对这些石油产品的利用率并不高,研究显示,中国农业化肥的实际利用率不足30%,农药不足2%,而不能被土壤自然降解的农用地膜也只有80%的回收率。不被农作物吸收的化学产品或沉积到地下或蒸发到空气中,破坏土壤结构和水循环,造成广泛的农业面源污染。同时畜牧业的粗放式发展加剧了土地的荒漠化，第五次《中国荒漠化和沙化状况公报》显示①，中国土地的沙漠化面积高达 261 万平方千米，其中轻度和中度荒漠化面积占到 60% 以上，主要是植被开采后造成的风蚀荒漠化。中国快速的城镇化进程加快了城市的扩张，截至 2016 年年底，城市行政区域覆盖面积 4790130 平方千米。现代化建设的城市辖区和建成区地面几乎被全部硬化，阻碍了大地的呼吸和水的自然循环系统，而农村作为仅有的自然循环区域，土壤和水遭受污染会直接损坏自然系统的循环。

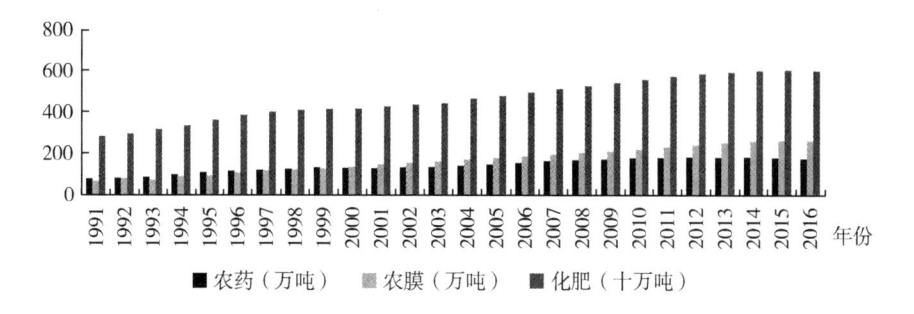

图 1-1　农业生产条件投入

生态环境的演变与经济社会的发展是密不可分的，依靠资源投入和环境污染实现经济增长是生产力发展但是又发展不足的表现。只有从发展的视角来看待生态环境问题才能抽薪止沸，从根本上实现人与自然的和谐共生。新时代以资源消耗和环境污染为代价的增长方式在新时代已经难以为继，中国经济必须从粗放的规模速度型增长转变为集约的质量效率型增长。而"绿色发展是当今时代科技革命和产业变革的方向，是最有前途的发展领域"（习近平，2016）。绿色发展理念

---

① 《中国荒漠化和沙化状况公报》，2014 年，国家林业和草原局政府网，http：//www.yorestry.gov.cn。

旨在减少经济发展对资源环境的依赖,是在新时期突破资源环境约束的必经之路。绿色发展是在"生态环境容量和资源可承载能力"的基础上,在推广绿色科技和资源的循环利用的基础上促进生态保护和环境治理,最终实现绿色富国、绿色惠民的符合时代潮流的社会发展模式。新时代必须从供给侧对生产模式进行改革,通过研发生态科技、寻找低碳能源、鼓励资源替代降低生产过程中对自然环境的负面影响,以满足人们对美好生活环境和清洁产品的需求。

推进绿色发展首先要推动农业的绿色转型和农村环境治理。农业是生产食物和初级生产资料的产业,"食物的生产是直接生产者的生产和一切生产的首要条件"(马克思,2004),"只要人类仍以动植物为主要食物……就全世界而言就决不能没有农业"(张培刚,2002)。农作物的生产过程对外部的生态环境有极高的依赖性,因此,农村作为农业的生产基地,其生态环境质量直接关系到全国人民的食品安全以及人力资本的再生产。2018年中央农村工作会议精神指出"农业强不强、农村美不美、农民富不富,决定着亿万农民的获得感和幸福感,决定着我国全面小康社会的成色和社会主义现代化的质量"。中国有45%的人居住在农村,他们普遍受教育程度较低,医疗资源匮乏,更无力抵抗空气污染和水污染,农村的环境质量对农民生活幸福感的影响更为直接。新时代背景下,人们需要更优质的生态食品,推进农业的绿色转型不仅是农业供给侧结构性改革的重要内容,而且是农村经济发展新的经济增长点。通过绿色兴农、质量兴农实现农业发展模式的转变,是新时期振兴乡村的重要途径。

二 研究意义

本书在梳理现有文献的基础上,构建了利益格局变化—主体行为调整—制度安排规范—激励机制设计的政治经济学分析框架，采用政治经济学分析方法来研究中国农村生态环境问题，具有一定的理论意义和现实意义。

（一）理论意义

第一，利用政治经济学方法展开对中国农村生态环境的研究，丰富了中国特色社会主义政治经济学理论。正是坚持了马克思主义政治经济学的科学立场，同时结合中国特色社会主义经济建设的经验，中国共产党和学术界丰富和发展了政治经济学的重要理论，形成了中国特色社会主义政治经济学，并不断进行创新。新时代背景下，资源环境约束成为束缚经济发展的瓶颈，城乡发展不平衡问题是新时期社会主要矛盾的重要原因之一，要实现经济由中高速增长向高质量发展的顺利转型，必须破解生态环境和乡村振兴的难题。结合中国农村的生态环境现实，利用马克思主义政治经济学的研究方法，展开中国农村生态环境的政治经济学研究，是对中国特色社会主义政治经济学理论的丰富和发展。

第二，本书采用马克思主义政治经济学研究范式，拓宽了马克思主义政治经济学的理论应用范畴，为研究中国农村环境问题提供了新的研究视角。现有文献对农村生态环境问题的研究多集中于西方经济学的外部性理论，本书遵循马克思主义政治经济学的基本原理和唯物主义辩证法，拓宽了马克思主义政治经济学的理论应用范围。本书从政治经济学的基本问题——利益分析的角度切入，研究主体行为选择的内在驱动以及反向约束的制度安排规范和正向引导的激励机制设计，为中国农村环境问题提供了新的研究视角。

第三，本书剖析了导致农村生态破坏和环境污染的深层逻辑，为中国的乡村振兴战略和农业绿色发展转型提供理论支撑。本书系统分析了农村生态破坏和环境污染的深层原因，从农村自我污染和城乡污染两个方面分析了导致农村生态环境问题的内在逻辑，进而剖析了农村经济绿色转型的理论依据和现实障碍，为中国乡村振兴战略和农业绿色转型提供了理论支撑。

（二）现实意义

第一，促进农村绿色发展，满足农民对美好生活的需要。生态破坏和环境污染已经成为制约中国农村经济发展的重要原因，生产条件的恶化制约了农村产业的优化升级，恶劣的生活环境也不能满足新时代农户的美好生活需要。研究中国农村生态环境问题，促进农村践行绿色发展理念不仅是农村发展的客观需要，也是满足新时代农民新需求的必然选择。

第二，助力乡村振兴战略，促进城市和乡村的平衡发展。农村环境问题决定着全面小康社会的成色和社会主义现代化的质量，习近平总书记强调，"中国要强，农业必须强；中国要美，农村必须美；中国要富，农民必须富"（习近平，2017），"任何时候都不能忽视农业、不能忘记农民、不能淡漠农村"（宋艳丽，2018）。促进农业绿色转型是强农富农的重要途径，建设美丽乡村是满足农村劳动人民对美好生活需求的客观需求，因此研究中国农村生态环境问题是助力乡村振兴战略、平衡城乡发展、破解新时代中国社会主要矛盾的有效方式。

第三，促进经济的低碳绿色转型，推动经济由中高速增长顺利转向高质量发展。生态保护和环境治理是高质量发展的题中应有之义，践行绿色发展理念，就是要解决经济发展和生态环境保护的协同问题，农村作为生态破坏和环境污染的重灾区，是需要转型的关键领域。研究农村生态环境问题，并提出合理的政策建议，对促进我国经济整体的低碳绿色转型、推动经济顺利向高质量发展具有重要意义。

第二节 研究目标与研究方法

一 研究目标

本书的研究目标是剖析中国农村生态破坏和环境污染的主要因素，挖掘农村环境治理效果不理想的深层原因，进而探索改善农村生态环境质量的政策路径。随着工业文明的发展，生态环境的恶化已经成为制约新时期农村发展的主要瓶颈，相关研究也日渐丰富。然而，目前生态环境的相关研究多建立在西方经济学外部性的理论基础上，虽然也提出了治理方案却一直效果不佳。中国特色社会主义建设正是坚持了马克思主义政治经济学的指导，才取得了增长的奇迹和举世瞩目的成就。政治经济学着力研究经济发展规律，对经济发展实践的指导具有科学性。"政治经济学作为一门研究经济关系及其运行规律的科学，是观察和分析经济社会的望远镜和显微镜"（洪银兴，2016）。习近平总书记在2014年的经济形势专家座谈会上也强调"要学好用好政治经济学"（习近平，2016）。利用政治经济学研究范式解读中国农村生态环境问题，是中国特色社会主义政治经济学的使命，是政治经济学研究者不容推辞的责任。

农村生态环境问题主要包括农村的自我污染和城市向农村的污染转移两种类型，前者是农村经济发展过程中粗放的增长方式所致，后者与我国经济发展中特殊的城乡二元结构有关。本书从马克思主义政治经济学的利益分析视角切入，延续政治经济学的传统，采用马克思主义政治经济学分析方法，构建了利益格局变化—主体行为调整—制度安排规范—激励机制设计的政治经济学分析框架研究导致中国农村生态环境问题的深层原因，进而提出解决农村生态环境问题的政策建议，为中国的乡村振兴战略和绿色发展转型提供参考。本书力图用中国发展的语言讲述中国的故事，为建设绿色农业、美丽乡村以及城乡污染的协同治理提出中国方案，促进城市和农村顺利向高质量发展转型。

二 研究方法

为实现本书的研究目标，本书拟采用多种方法对政治经济学视域下的中国农村生态环境问题进行综合研究。具体包括以下几种方法：

利益分析法：本书分析不同利益集团的矛盾和冲突以及利益主体在环境利益和经济利益、长期利益和短期利益之间的偏向和选择，分析了生态环境保护与经济发展之间的普遍利益矛盾，还分析了中国特色社会主义环境中特殊的城乡二元结构以及农村哺育城市的历史沿革，研究了中国特殊国情下的特殊利益矛盾。

制度分析法：本书剖析了中国农村生态环境的制度影响，从正式制度、非正式制度以及制度的实施机制三个方面研究了制度要素的作用，在梳理我国农村生态环境质量制度历史演变的基础上，进一步剖析现行制度存在的问题和缺陷。

统计分析法：本书对农村生产条件投入、城乡消费水平和农村财政支出等数据进行了统计分析，进而揭示农村和城市经济发展的规律和趋势，为研究农村自我污染和城市向农村的污染转移提供依据。

计量分析法：本书分别对农村自我污染和城乡污染转移的利益驱动、行为选择、制度规范和激励机制进行计量检验，结果显示四个变量均对农村生态环境产生了显著影响，且这一结果在进行多次检验后依然稳健。

第三节　研究思路与研究内容

一　研究思路

本书基于政治经济学视域，遵循马克思主义基本原理，从利益主体的基本诉求分析切入展开对中国农村生态环境问题的研究。沿着相关研究梳理与分析框架构建—理论分析—实证检验—政策建议的思路展开对政治经济学视域下中国农村生态环境问题的政治经济学研究。首先，在梳理现有文献和相关研究的基础上，本书基于马克思主义政治经济学视角构建了利益格局变化—主体行为调整—制度安排规范—激励机制设计的政治经济学分析的一般框架。其次，基于此框架从政治经济学的视角出发对农村自我污染和城乡污染转移两种类型的农村生态环境问题展开理论和实证研究，理论上从不同利益的冲突入手，研究各级经济主体在利益最大化过程中的行为选择过程，并分析现有制度框架和激励机制对其约束和引导；实证上利用中国的经验证据分别对两种类型的农村生态环境问题的影响因素进行检验，在理论分析的基础上进一步挖掘中国农村生态环境问题的深层次原因。最后，本书得出新时代改善中国农村生态环境的政策建议。具体研究思路如图1-2所示：

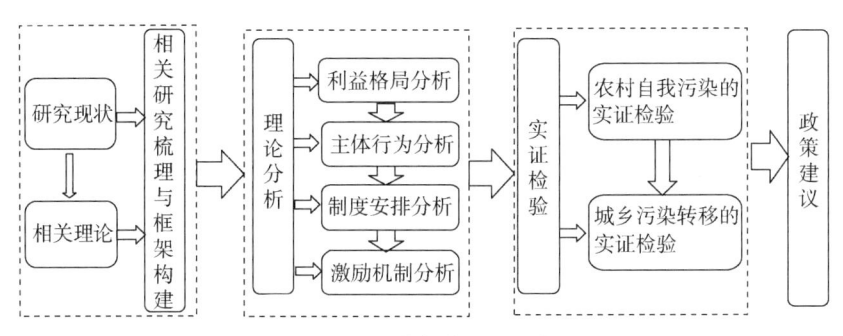

图1-2　本书的研究思路

二 研究内容

如图 1-3 所示,本书基于政治经济学视域,在梳理相关理论和现有文献的基础上,从马克思主义政治经济学利益分析的视角切入,从理论上阐释了中国农村生态环境恶化的内在机理,然后利用中国省级面板数据进行了实证检验,进而提出政治经济学视域下改善中国农村生态环境质量的政策建议。

本书的研究内容主要包括:

(1) 研究基础。本部分共包括第一章和第二章两章内容,在介绍研究背景和研究意义的基础上,说明本书的研究目标和研究方法,梳理出研究思路和主要内容,进而提出本书可能存在的创新点与不足。第二章主要介绍了解释农村生态环境问题的理论基础和研究现状,西方经济学对生态环境的解释主要集中于外部性理论,其治理方式主要有福利经济学的庇古税和制度经济学的科斯方案,马克思主义政治经济学相关的理论解释主要集中于生态环境思想以及城乡关系演变的理论。最后本部分从生态环境理论的研究进展、中国农村生态环境质量评价的研究、农村生态环境的影响因素研究、农村生态环境治理研究四个层面梳理了现有文献的研究进展,并进行了简要述评。

(2) 中国农村生态环境问题的政治经济学分析框架。本部分包括第三章内容,基于马克思主义政治经济学的研究范式提出了利益格局变化—主体行为调整—制度安排规范—激励机制设计四个层次的一般分析框架。并进一步分析了四者之间的关系:城乡生态破坏和环境污染的核心问题是利益格局的改变,人们在新的利益格局中做出的行为选择是决定能否解决农村生态环境问题的基础,为约束经济主体行为选择的制度安排是治理农村生态环境问题的保障,而为此设计的激励

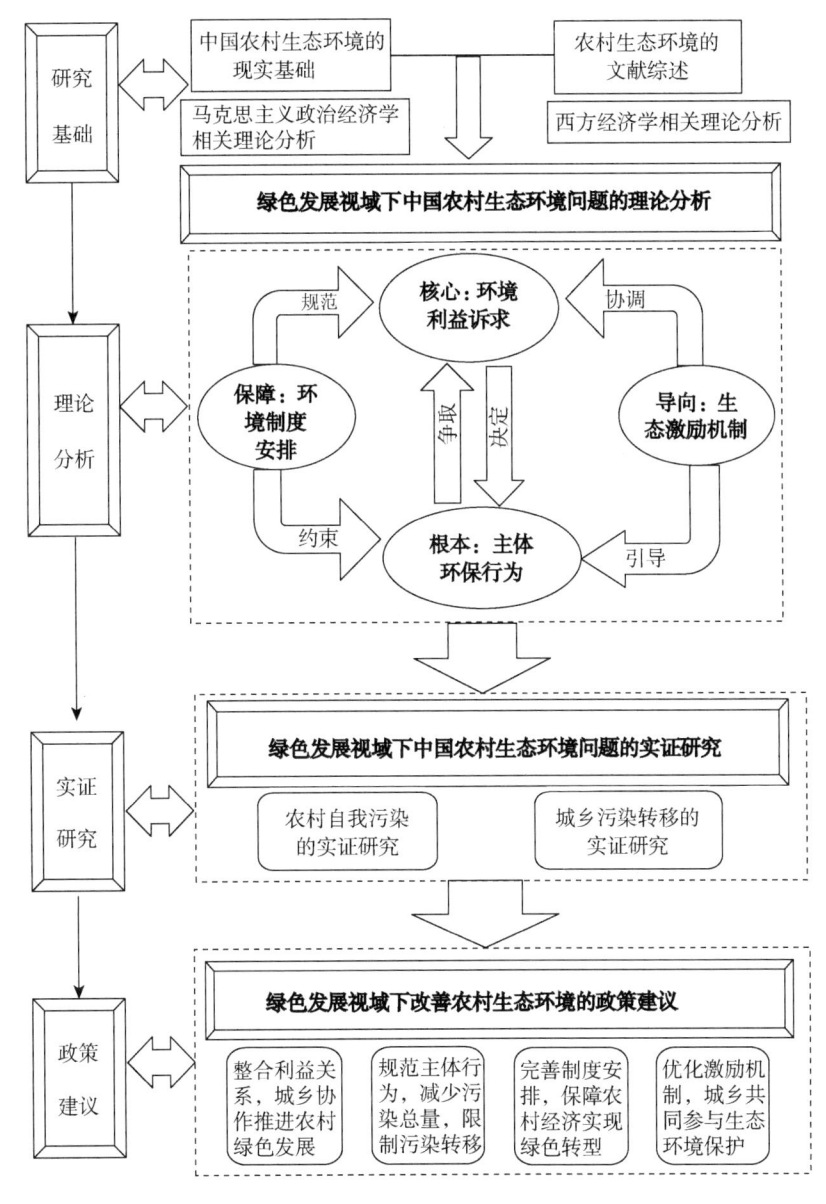

图 1-3 本书的主要研究内容

机制决定了农村生态环境治理的导向。

（3）政治经济学视域下农村生态环境问题的利益格局分析。本部分包括第四章内容，主要从农村自身生态破坏和城乡污染转移两个方面分析了决定经济主体行为选择的内在利益驱动。从农村自身发展来看，其落后的经济现实决定了农户更重视短期的经济利益而忽略长期的环境利益，重视个人利益而忽视集体利益；从城乡之间的绿化资源和污染转移来看，生态资源的稀缺性导致农村和城市之间存在竞争关系，而城市相对较高的经济发展水平导致城乡之间形成经济利益与环境利益看似合理的利益交换，同时地方政府的政策偏向加剧了城市利益对乡村利益的侵占。

（4）政治经济学视域下农村生态环境的行为选择分析。本部分包括第五章内容，主要介绍政府、企业、家庭三大经济主体为满足自身利益诉求所做出的行为选择。从家庭看，城乡家庭对物质消费的无限追求导致消费异化，城市居民粗放的生活方式和较高的环境需求促成了污染向农村转移，农户相对较低的消费能力和农村要素出逃加剧了农村的环境污染。从企业来看，资本对利润的盲目追逐引致生产异化，生产基地向农村的扩张和转移加剧了农村污染，同时乡镇企业的发展造成城乡之间隐形的污染转移。从政府看，地方政府管理不当导致发展异化，上下级政府之间的利益分化造成了环境不公，横向的府际竞争加剧了农村污染。

（5）政治经济学视域下农村生态环境问题的制度安排分析。本部分包括第六章内容，主要阐述制度安排在农村生态环境问题中的保障作用。正式制度通过硬性规定的方式约束主体行为，具有强制性和非稳定性，非正式制度通过伦理习俗等软性规则约束主体行为，具有自发性和长期稳定性，实施机制是正式制度和非正式制度发挥作用的关键。本部分在梳理我国农村生态环境制度历史演变的基础上，分析了农村生态环境现行正式制度、非正式制度以及实施机制的缺陷。

（6）政治经济学视域下农村生态环境问题的激励机制分析。本部分包括第七章内容，主要分析引导人们选择亲环境行为的激励机制设计问题，在分析政府、企业和家庭三大经济主体的激励目标的基础上，总结各自的激励手段，进而对激励过程的问题进行研究，总结农村生态环境激励机制未达成目标的原因。

（7）政治经济学视域下农村生态环境问题影响的实证研究。本部分包括第八章和第九章内容，主要从农村自身污染和城乡污染两个方面验证利益驱动、制度规范、激励机制对主体环境行为的影响。其中农村自身污染以农业生产中的面源污染为例，城乡污染转移以固体垃圾显性污染转移和乡镇企业的隐形污染为例，分析验证影响农村生态环境质量的内在机理。

（8）政治经济学视域下农村生态环境治理的政策建议。本部分包括第十章，设计本书的落脚点，在结合前文理论分析和实证检验的基础上从利益格局变化、主体行为调整、制度安排规范、激励机制设计四个方面提出改善中国农村生态环境质量的政策建议。

第四节　创新点

（1）从发展的视角看待生态环境问题，将农村生态环境问题纳入政治经济学发展的研究视域。生态环境问题是伴随经济发展而产生的，是上一阶段粗放式经济发展的必然结果，解决生态环境问题也要通过生产方式的转型和生产力的进一步发展。农村生态破坏和环境污染掣肘乡村振兴，也制约着整体国民经济的健康可持续发展。新时代必须通过国民经济的绿色转型，推进绿色发展，以实现农村经济增长和生态保护的双赢。

（2）本书构建了政治经济学的一般分析框架，并用此框架对农村生态环境问题展开理论分析。经济的发展转型必然会造成既定利益格局的变化，造成农村生态环境质量问题的核心就在于不同利益之间的竞争。围绕这一核心问题，本书构建了利益格局变化—主体行为调整—制度安排规范—激励机制设计的政治经济学分析一般分析框架来研究中国农村生态环境质量问题。并分别从利益格局变化、主体行为调整、制度安排规范、激励机制设计四个层面对我国农村的生态环境质量问题进行理论和实证研究。

（3）本书从农村自身因素和城乡转移两个层面考察农村经济发展中的生态环境问题。农村的生态环境问题是由自身污染和城市转移两种类型组成的，而目前研究多集中于农村自身的面源污染和垃圾处理，对城乡污染转移研究不足。本书全面剖析了农村生态环境恶化的内在原因，并从农业生产的面源污染和城乡污染转移两个层面对其进行了实证检验，进而提出改善农村生态环境质量的政策建议。

第二章 相关文献综述

第一节 生态环境理论的研究进展

一 国外生态环境理论的相关研究

国外有关生态环境的研究起始于对现代工业文明的批判（Carson R. H., 1962; Mishan E. J., 1967; Meadows, 1972），20 世纪60 年代的宇宙飞船经济理论提出利用循环经济解决全球生态问题（Boulding K., 1966），70—80 年代学界又相继提出了稳态经济（Daly Herman E., 1974）和绿色经济（Pearce D., 1989）的理论。世界环境与发展委员会发布《我们共同的未来》提出了可持续发展战略（Gro Harlem Brundtland, 1987），将生态问题迅速推向公众视野。21 世纪环境问题被广泛关注，生态现代化（Mol and Sonnenfeld, 2000）、生态足迹理论（Ferng J., 2002）、可持续发展的 B 模式（莱斯特·R. 布朗, 2006）、城市可持续发展评估（Nicolas Moussiopoulos, 2010）等解决经济发展与环境保护的方案被陆续提出。Giddings B. 等（2002）认为经济、社会和环境是相互联系和影响的整体，应当将经济、社会和环境统一到可持续发展的路径上来。2007年亚洲开发银行首次提出包容性增长，指出自然资产是有限的，需要进行核算、投资和维护。Sabit Diyar等（2014）指出经济稳定增长和向绿色发展转变是我们面临的两大挑战。Mcafee（2016）提出绿色经济是利用经济理性和市场机制来消除全球化资本主义对生态环境最具破坏性的影响。Collier和Jones（2017）认为快速的城市化已经导致了大量的环境污染，缺乏明确的愿景和目标是绿色城市发展的主要障碍。

二 国内学术界生态环境理论的研究

国内20世纪90年代开始关注发展中造成的生态破坏和环境污染问题，潘家华（1997）首次提出绿色发展论，认为绿色发展虽然有环境保护之意，但是并非源于环境问题，而是源于对发展概念的再思考，而可持续农业的实践则体现了绿色发展所要求的逆工业化的转变。刘思华（2011）认为绿色经济是可持续经济的实现形态和形象概括，本质是以生态经济协调发展为核心的可持续发展经济。侯伟丽（2004）将绿色发展界定为在保障自然资本的可持续性的前提下尽可能实现资本替代，使经济转变为低材耗化、低能耗化的增长模式。冯之浚和周荣（2010）提出中国实现绿色发展的根本途径是推进低碳经济，王玲玲和张艳国（2012）认为绿色发展包括绿色经济、绿色政治、绿色文化、绿色环境等相互依存又相互独立的多个子系统。诸大建（2012）提出投资于自然资本的绿色经济可以使经济增长脱离自然资本的消耗，不仅有利于经济发展，还能够提高生活质量。蒋南平等（2013）拓宽了绿色发展的内涵，重新将其定义为：资源能源合理利用，经济社会适度发展，损害补偿互相平衡，人与自然和谐相处。胡鞍钢等（2014）认为绿色发展是第二代可持续发展观，强调经济、社会和自然系统之间的系统、协调和整体性。李晓西等（2014）设计了人类绿色发展指数用以测度绿色发展水平，洪银兴（2016）认为绿色发展是保护生产力的有效手段，生产力所涉及的生产关系调整就是中国特色社会主义制度范围内的自我改革和完善。吴苑华（2016）对习近平总书记关于绿色发展的重要论述进行研究，并从六个层面进行了解读。黄茂兴和叶琪（2017）梳理了马克思主义绿色发展观的形成与发展，指出绿色发展理念的创新内核以及马克思主义绿色发展观的理论创新。

三　中国共产党对绿色发展认识的历史变迁

中国共产党20世纪80年代开始重视生态环境问题，1983年第二次全国环境保护会议确立了环境保护的基本国策并建立了三大政策和八项制度。进入21世纪后，党的十六届五中全会提出要建立"资源节约型、环境友好型社会"，党的十七大提出"要加快经济发展方式转型，建立全面协调可持续的科学发展观"，坚持"生产发展、生活富裕、生态良好的文明发展道路"。党的十八大提出"着力推进绿色发展、循环发展、低碳发展"，党的十八届五中全会提出"创新、协调、绿色、开放、共享"的五大发展理念后，国内学术界也对绿色发展进行了多视角的研究。习近平总书记早在任福建省长时就曾指出：任何形式的开发利用都要在保护生态的前提下进行，任浙江省委书记时首次提出"绿水青山就是金山银山"的财富观，之后又相继提出"保护生态环境就是保护生产力"、构建"绿色循环低碳发展的经济体系"、要"用最严格的制度、最严密的法治保护生态环境"等重要论断。党的十九大报告提出要形成绿色的发展方式和生活方式，在乡村振兴战略中还特别强调要建设生态宜居的新农村。

第二节 中国农村生态环境质量评价的研究

农村污染已经成为环境恶化的元凶之一，美国环境保护局（EPA）的调查显示，农业面源污染是导致湖泊、河流水质破坏的主要原因，丹麦、荷兰和日本的相关研究也显示，农业面源污染已经成为水污染的主要来源（Dosi, C., et al., 1994；杨爱玲等，1999）。已有文献对中国农村生态环境质量的评价研究主要集中于以下三个方面：

一 农村生态环境指标体系构建的研究

徐海根等（1994）、于文柱（2005）、宁昭玉（2008）虽然较早地构建了农村环境评价的指标体系，但都是比较宏观地反映农村经济社会环境发展的整体情况，张铁亮等（2009）构建了包含空气质量、水环境质量和土壤环境质量的指标体系，被认为是农村环境质量评价的基础框架。郝英群等（2011）通过对典型乡村的环境质量研究，将其拓展为包含饮用水源地水质、地表水环境质量、空气质量、土壤环境质量和生态环境状况五个层面的农村环境质量指数，后来被学界广泛采用。生态环境部南京环境科学研究所构建了包括环境、生态、人居环境建设和公众满意度四个层面的指标体系，将公众对生态环境的主观感受也纳入农村生态环境评价中来。

二 农村生态环境评价的理论基础和方法选择

农村环境质量评价主要基于"压力—状态—响应（PSR）"模型、层次分析（AHP）法。高奇等（2014）、孙勤芳等（2015）、王晓君等

(2017）基于PSR模型构建了农村生态环境质量评价的指标体系，并分别基于各自的指标体系对典型县域、村镇进行实证研究，验证了方法的可行性。芮菡艺（2016）在此基础上还给出了农村环境质量指数计算方法和分级标准。雷波（2011）、徐光宇等（2015）、李妍（2017）采用AHP法对整体和区域的农业生态环境质量进行评价，徐光宇还结合RS和GIS技术及单因子评价法、多因子评价法、综合指数评价法以典型县为例对模型和技术方法进行了验证分析；李妍进一步分析了农村生态环境质量影响因素及影响程度，并以绍兴上虞区的数据证明了农业生态环境质量与生态经济系统协调度变化的一致性。此外，Tan Manzhi（2006）利用模糊数学法对土壤污染和环境质量进行评价，梁流涛（2013）基于突变基数模型对1990—2006年中国农村生态环境压力进行了定量研究，结果表明农村生态环境压力逐步加大，区域农村生态环境压力的来源存在明显异质性，人口越多、工业越发达、农业集约化程度越高的地区农村生态环境压力越大。

三　中国农村生态环境质量评价的结果分析

由于选择样本和方法的不同，学者们对我国农村生态环境质量评价结果也存在差异。梁流涛（2009）认为我国生态环境的时空演变存在二元结构，城市环境不断改善而农村逐步恶化。孙剑和乐永海（2012）的调查数据研究发现，我国长江中下游流域的农村环境质量不仅明显恶化，还出现了加快恶化的趋势。但农业生产环境有显著好转，同时还分析了中游和下游地区农村环境质量的异质性。高奇等（2014）的评价和预测结果表明各乡镇农业生态环境具有明显异质性，但2001年到2015年临汾市尧都区农村生态环境质量得到改善。谢里和王瑾瑾（2016）参照中国绿色发展指数构建了适合农村的绿色发展指数，测算了 2003—2012 年中国农村的绿色发展绩效，结果表明农村整体绿色发展绩效呈上升趋势，但仍然存在明显的区域差异，东北和西北地区的绿色发展绩效指数相对较高，而华北、华东、中南地区则相对偏低，且存在显著的省际差异。王晓君等（2017）利用 2000—2015 年的数据对我国农村整体生态环境质量进行评价，评价的综合得分表明我国农村生态环境质量总体呈现恶化趋势。王良健和蒋婷（2017）通过构建农村环境质量评价体系探讨了 31 个省级行政区农村环境质量的时空变化规律，结果表明 2004—2013 年我国农村环境质量总体有所改善，但存在明显的空间集聚性，北方比南方偏好，西部比东部偏好。马广文（2014，2016）利用综合指数法和专家评估法对我国典型县域的农村环境状况和生态状况进行了评价。其中环境状况评价包括水源地水质、地表水水质、空气质量、土壤质量，生态状况评价包括生物丰度、植被覆盖、水网密度、土地退化、人类干扰指数。进而对典型村庄的评价发现空气质量总体良好，超标地区集中于西北地区，饮用水质和地表水环境质量以及土壤环境质量较差，生态环境总体质量较好，西北地区和华中地区北部表现较差。

第三节　农村生态环境的影响因素研究

一　政府对中国农村生态环境质量的影响研究

有研究认为政府在农村生态环境问题中有不可推卸的责任，政府支农政策不当、环境政策的城市偏向都加剧了农村生态环境问题。苏杨和马宙宙（2006）认为资金来源不足、政府的管理能力体系不畅、扶持措施不力、治理模式不适是导致农村生态环境恶化的本质原因。李玮玮和朱晓东（2008）认为城市产业结构的转移以及政府的农业补贴与环境没有挂钩是造成农村生态环境问题的直接原因。李长健等（2009）的研究显示城镇化背景下的农村环境保护法制观念不足和专项立法缺失加剧了农村生态环境压力，需建立多元的农村环境保护法律调整机制。房宇（2016）也认为造成农村环境污染的主要原因是立法空白以及政府职责不够明确。刘勇（2016）的研究表明，农业污染主要是各利益相关方责任分担不够导致的，政府应该承担主要责任，农业生产者被动承担责任，社会公众承担有限责任。闵继胜（2016）梳理了改革开放以来我国农村环境治理政策的演进轨迹，认为农村生态环境问题是既定政策目标下制度安排的必然结果。

二 发展方式对中国农村生态环境质量的影响研究

也有学者将农村发展方式、农业生产技术、农民的环境意识等农村自身的治理问题纳入研究视角，认为农村自身发展方式不合理也是造成其生态恶化和环境污染的重要原因。技术进步可以通过资源替代和循环利用的方式实现经济发展，Grossman 和 Krueger（1995）的研究结果显示总体来看技术进步能有效抑制污染，只有部分技术存在环境污染的负效应。在技术条件和产业结构不变的前提下，农业污染排放量取决于其经济规模（Dale，1998）。郑易生（2002）认为城乡之间的经济差距是污染转移的本质原因，虽然污染转移在经济上是有效率的，但是存在一定的非道德性，不符合可持续发展的要求。侯伟丽（2004）认为以中小型企业为主的粗放式、分散式农村工业和污染转移加重了农村污染，治理农村环境需要推进城镇化建设和改善农村工业结构。李铜山（2005）提出造成农村环境问题的主要原因是农村经济增长方式粗放，环保意识薄弱、产业结构和工业布局不合理等。李君等（2011）从乡镇管理者视角对农村环境综合整治的政策实践进行分析，研究表明农村环境问题的主要原因在于农村本地的生产和生活。葛继红和周曙东（2011）的研究认为农业经济扩张和养殖业、经济作物比重上升会增加农业面源污染物的排放量，技术进步对农业污染排放有显著的抑制作用。侯俊东等（2012）研究了农户的生产经营性行为对农村生态环境的影响，结果表明农户经营行为对农业面源污染、水质污染以及生活垃圾污染的影响显著，而对空气、噪音以及工业转嫁污染没有显著影响。梁流涛（2013）认为造成我国城乡生态环境二元结构的主要原因是农村发展方式不合理的自身污染、城市工业放任的梯度转移以及生态环境管理政策的城乡差异。沈费伟和刘祖云（2016）的研究认为利益相关者的不同利益诉求和行为导向造成了农村环境污染的现实困境。经济发展的二元模式和环境的外部性造成了污染从城市向农村的转移（曾小溪，2011；周曙东等，2015），李文强（2005）也认为经济发展水平的梯度是污染转移的前提条件。利益冲突和制度供给问题，长期利益和短期利益、区域利益和整体利益的冲突以及农村环保制度供给和监管的长期缺位是造成城乡污染转移的深层原因（李雪娇、何爱平，2016）。

三　城镇化进程对中国农村生态环境质量的影响研究

中国的城镇化进程是改变城乡关系的重要因素，有学者将城镇化建设对农村生态环境的影响纳入研究视角，多数学者认为给农村生态环境带来了负面影响。片面的发展观和城市化工业化的急速推进加快了农村环境的恶化（黄帝荣，2006），黄季焜和刘莹（2010）调查了101个村镇，发现将近一半的农村环境出现了恶化，而城镇化过程人口居住地的集中对农村环境质量的影响显著为负，城镇化在加速城乡一体化的同时，也造成了污染向农村的蔓延，给农村生态环境造成了极大破坏（刘慧，2013；房宇，2016）。管爱华（2009）认为城市化的物质消费主义价值观使农民的价值观发生了偏差，是造成农村生态环境失衡的重要原因。赵辉（2015）指出环境保护方面的城乡二元结构，环境立法中对农村的忽略造成了农村生态环境的不断恶化。刘平养（2016）认为人口以及其他要素向城市的迁移冲击了农村经济，综合整治的高成本、匮乏的人力资本和社会资本是农村环境整治的难题。快速城市化进程给中国农村环境治理带来了新的挑战，不能简单地将城市环境治理的思路搬到农村，要站在城乡统筹发展的高度系统推进。朱玉龙（2017）认为城镇化造成大量农村劳动力转向城市，是导致农村土地撂荒、弃耕和粗放经营的主要原因，而城镇化造成农村的空心化加剧了乡村治理难度（王武朝，2017）。政府的城市偏向导致城市环境建设取得了显著成绩，而农村没有得到应有的重视（郭琰，2008；李桂兰、唐玉，2017），应建构适应城镇化需要的农村环境法律机制（牛玉兵等，2017）。于法稳（2017）认为城镇化进程中的工业企业转移将污染蔓延到了农村，各级政府仅关注城镇生态建设导致农村生态治理存在一系列问题。

也有学者从城镇化的推进方式和城市文明理念的传播等方面分析了城镇化对农村生态环境影响的正面效应。唐萍萍和李世平（2011）分析了城镇化进程中农村劳动力异地转移和就地转移两种情况对农村生态环境造成的影响，并提出小城镇建设不仅会给农村剩余劳动力带来城市生活体验，而且农民不会摆脱对农村的情感依赖，是解决农村生态环境问题的重要渠道。刘莹和王凤（2012）的研究表明城镇化推进会提高农户定点倾倒垃圾的可能性，因此城镇化建设有利于农村生态环境的改善。杜焱强等（2016）认为社会资本存量不足是欠发达地区环境治理的主要困境，而城市化打破了农村社区的封闭性，给农村生态环境带来正面影响。邱雨（2016）研究了逆城市化对农村生态环境的双向影响，提出城市对农村田园的向往之情形塑了生态农业以及农村生态景观，而农村对城市居民环境需求的迎合造成了"大树进城"的生态资源转移，不利于农村生态治理。王良健和蒋婷（2017）的研究表明农业发展水平与农村环境质量存在先负后正的门槛效应，农业和工业的发展水平能显著改善农村环境质量。

第四节　农村生态环境治理研究

一　国外农村生态环境的治理研究

国外关于农村污染治理的研究主要集中于税收和总量控制两个方面。Griffin 和 Bromley（1983）最早提出了农业污染的管制措施，他们认为污染的外部性决定了农户不会关注生产的环境问题，应使用课税、总量控制和限定投入的方式管理农业生产投入。Segerson（1988）提出要设计基于地区某一种污染物浓度的收费制度——环境浓度费。他的税收系统包括设定某种污染物的水平，对超过的地区予以惩罚，对下降的地区予以奖励。Johnson（1991）的实证研究发现，作物耕作期间氮肥和水使用率的变化，也能实现污染减量。Ribaudo（1994）的研究发现，限制农产品操作的政策比休耕方式更能改善水质，有助于解决地表水的污染问题。Anastasio Xepapadeas（1994）先设定社会期望的周围环境污染水平，然后依据测量水平和社会期望的污染水平之间的偏差采取税收/补贴制度。Ramu 等（1994）提出了一种基于排序的锦标赛法，若污染物浓度超出限定值则对排名最后的农场进行惩罚；若污染物浓度低于限定值则对排名最前的生产者进行奖励。然而由于农业面源污染检测的高成本，James 等（1997）对此方法提出了质疑，他认为化肥、农药的投入本身也是一种间接防治面源污染的措施，进而提出了实施补贴和有机化肥的面源污染治理方案。Marjan（2001）提出通过对氮肥、磷肥征税能够促使农户改变生产结构，让氮磷需求量高的作物退出生产，进而减少农业污染总量。

也有学者对不同的管理方式进行对比分析，提出更灵活更有针对性的解决方案。Braden 和 Segerson（1993）认为面源污染的空间异质性决定了应选择更灵活的激励机制，治理农村污染的统一措施适用性不强。Helfand 等（1995）对税收和总量控制两种治理方式进行了对比试验，研究发现课税更具有弹性和时效性，总量控制的行政成本更低。Larson 等（1996）比较了水管制、氮肥管制以及二者共同管制的污染治理方式下的社会福利变化，发现水管制是社会福利损失最小的农业污染治理措施。Vickner 等（1998）利用动态经济模型对不同治理措施下的社会福利进行分析，研究发现同一灌溉系统的社会福利最大，然后才是限制氮肥和灌溉水用量。美国实行了保护性耕作制度来解决农业面源污染问题，截至 20 世纪末，近四成耕地采用了这种制度。20 世纪末，美国农业部又推出了保护缓冲带制度，通过建立林带和草地过渡带将农业面源污染与水体隔开，Eghball 等（2000）的研究表明，美国东南部地区的缓冲带对农业面源污染防治起到了很好的效果。

二 国内农村生态环境的治理研究

在治理农村污染的体制机制创新方面，李建琴（2006）通过对浙江省长兴县农村"创卫"工程的研究，从领导体制、实施体制、监督体制、管理体制和投入体制等方面提出了县域农村环境治理的创新机制。李咏梅（2015）认为生态环境的公共性决定了其治理过程必然依赖于公众参与，而参与不足正是造成农村生态环境问题久治不愈的重要原因，应从提升政府环境治理能力、培育农村社会资本、加强农村环保法制建设等方面建立自下而上的公众参与机制。彭小霞（2016）提出当前农村生态环境治理的政府管制型模式和市场调控型模式都存在无法克服的弊端，应引入社区参与机制来治理农村生态环境问题，完善农村生态环境的社区参与机制需要从完善法律规范体系、确立公民的环境权、健全公共参与机制等方面来实现。闵继胜（2016）认为改变政策目标、创新经营主体的支持体系、立足国家粮食安全战略，从内外部双向发力才能消解农村环境污染。耿言虎（2017）从社会学的角度对农村生态环境治理进行了系统研究，认为脱嵌式开发是当下农村生态环境问题产生的重要原因，治理农村生态环境问题需要将生产行为重新嵌入到文化、社会和生态限制中去。

在法律法规和相关制度完善方面，肖萍（2011）提出解决农村环境污染的根本在于赋予公民环境权，建立健全农村环境法律体系和制度体系。刘慧（2013）认为应将涉农环保部门的职能进行整合，下移环境执法权，建立一主多翼的执法模式，强化环保问责形成合作型执法格局。刘晓光和侯晓菁（2015）提出农村生态文明建设就是发展方式和生活方式的变革，并从政策效力、政策主题、政策体例等维度对中国农村生态建设的政策文本进行了宏观分析，从政策的权威性、时效性和影响力方面对中国农村生态环境的微观制度进行分析，基于此提出了推进中国农村生态建设的制度建议。

其他相关治理思路的研究比较分散，学者们从不同角度提出了农村生态环境治理的手段和模式。师华定等（2010）对比分析了传统生物质能源与煤炭为主的商品能源的消费特点和环境效应，指出我国农村生物质能源的可持续利用是改善农村生态环境的重要手段。徐礼德和仝允桓（2011）提出促进农村清洁能源发展的三种模式：自给自足的分散模式、可规模化生产的集中模式以及与生态经济结合的循环模式，并进行了比较分析。李颖明等（2011）提出需要对政府为主体、完全信息为假设的农村环境治理模式进行反思，并以自主治理理论为基础构建了农村环境自主治理模式的研究路径和框架。李君等（2011）从六个层面分析了乡镇基层干部参与农村环境整治的意愿，结果表明农村居民和基层干部非常有意愿对环境问题进行整治，进一步的研究发现基层环保队伍建设、财政支持能显著提高农村环境治理水平，培训等宣传教育形式有助于提高基层干部的环境管理能力。让增加的社会资本存量在环境治理领域发挥长效的积极作用是解决农村生态环境问题的关键（杜焱强等，2016）。李虹和熊振兴（2017）将自然生态空间占用的价值进行了量化，提出了生态赤字价值补偿的环境税方案，研究表明环境税将引导经济增长从生态占用转向劳动力和资本，有利于区域经济的绿色转型。

第五节 相关研究的简要述评

对现有文献的梳理可以发现，学界对农村生态环境问题的研究十分丰富，不仅多角度对农村生态环境质量进行评价，而且分析了导致农村生态恶化和环境污染的影响因素，探究了城镇化与农村生态环境的相互影响，并提出了治理方案。这些成果为本书提供了丰富的素材和逻辑起点。现有研究成果归纳如下：（1）国内外对经济发展模式的批判研究表明：绿色发展理念不仅是为了解决环境问题，更是对发展本身的再思考，在资源约束趋紧和生态环境恶化的新时代，要解决农村生态环境问题必须要推进绿色发展。（2）对中国农村生态环境现实和历史演变的研究发现，只有部分区域的不完全调查数据显示个别污染物在农村有下降迹象，农村生态环境整体呈现恶化趋势。而且，农业污染已经成为最重要的水体污染源，严重危害经济社会的健康可持续发展。（3）现有研究认为造成农村生态环境问题的原因是多方面的，政府的城市偏向、支农政策不当、粗放的发展模式等是造成农村生态环境恶化的重要原因。农民环保意识薄弱、生产技术落后、利益选择冲突等也是导致农村生态过度开发和环境治理不善的关键因素。（4）已有文献分析了城镇化进程对农村生态环境质量的相互作用，城镇化对农村生态环境具有双向影响作用，正面效应体现在城市文明生活方式、生产技术以及社会资本向农村的辐射和传播，负面效应主要体现在工业企业的生产基地转移、农村优质劳动力的出逃、农村对城市环境需求的迎合以及城市物质消费主义价值观的传播等方面。同时，农村生态环境的不断恶化不利于城镇化建设。

改善农村环境质量是满足新时代人们对美好生活需要的基本前提，治理农业污染、改善农业生产条件是经济向高质量转型的必要条件。中国特色社会主义进入新时代，贯彻新的发展理念，让城乡居民共同享有经济发展成果和良好生活环境是新时期的重要任务和时代使命。已有文献为本书提供了丰富的素材参考和理论借鉴，但也存在进一步研究的空间，主要体现为以下几个方面：

（1）现有研究对中国农村生态环境质量的发展演变比较充分，但是对导致这一过程的深层原因挖掘不足。虽然学者们对导致农村生态环境问题的影响因素进行了多角度的探索，也有一些实证研究证明政府行为等因素是造成农村生态环境恶化的直接原因，但是对这一影响因素发生作用的内在机理分析不足。本书认为解决农村生态环境问题必须挖掘背后的深层原因，并对其进行实证检验，才能为从根本上解决这一问题提供科学合理的政策建议。

（2）对中国农村生态环境问题的研究多基于统计方法进行计量分析和实证研究，缺少政治经济学视角。本书认为政治经济学视域下农村生态环境的发展演变是人们最大化自身利益诉求选择行为的必然结果，其本质是一个政治经济学问题。有别于现有文献，本书利用政治经济学分析范式，首先对城镇化建设中城乡经济主体利益格局的变化进行研究，进而分析利益格局变化对地方政府、生产企业和城乡家庭行为选择的影响，以及对应制度安排规范和激励机制设计对其的约束和导向作用。

（3）现有文献多从农村自身的角度研究农村生态环境，而对城乡污染转移角度的研究不足。农村的自我污染和城市向农村的污染转移是造成农村生态环境质量下降的两个重要方面，随着城镇化建设的不断推进，城市向农村的污染转移和对绿化资源的掠夺对农村生态环境问题的影响日益加剧。本书从农村自我污染和城乡污染转移两个层面分别对导致农村生态环境破坏和环境污染的原因机理进行理论分析，并利用我国的经验数据进行了验证，最后提出城乡协同的生态保护和环境治理建议。

第三章 中国农村生态环境问题的政治经济学分析框架

本章在梳理总结马克思主义政治经济学和西方经济学相关研究的基础上,基于马克思主义政治经济学的利益分析法,借鉴西方经济学中的科学成分,提出中国农村生态环境问题分析的政治经济学框架。

第一节 马克思主义政治经济学的相关理论论述

马克思虽然没有专门针对农村生态环境的论述,但却有丰富的生态环境思想和翔实的城乡关系分析。马克思是从发展的视角来研究生态环境问题和城乡关系的,他认为生态环境问题是资本主义生产方式下生产力发展的必然结果,城市和农村作为两大利益集团,相互之间的关系演变也是随着生产力的发展而不断变化的,一定时期内的城乡对立是生产力发展但又发展不足的表现,最后在人类共同体中会走向融合。

一 马克思政治经济学的生态环境思想

马克思的自然观中有非常丰富的生态环境思想,无论是作为劳动资料还是劳动对象，生态环境都是社会生产力发展的基础，人类社会的进步必须以良好生态环境的代际传递为前提。农业生产是一切社会劳动的起点，农村作为农业生产承载地，其生态环境质量直接关系到整个经济社会和自然系统的延续和发展。

从劳动资料角度看，马克思认为自然环境是一切生产力发展的基础。自然力不仅是生产力发展的重要决定因素，而且是一切生产力的起点，甚至"一切生产力都归结为自然界"（马克思，1963）。自然作为劳动的资料，自然力是生产力发展的源泉，光照、瀑布、地热等自然力量直接参与生产过程，是决定生产力发展的重要构成。另一方面，"自然力……是特别高的劳动生产力的自然基础"（马克思，2004），是劳动生产力发展的先决条件。自然力通过水源、食物等进入劳动者体内，成为支撑劳动者脑力和体力发展的源泉。而劳动者的脑力和体力发展又是社会生产力发展的前提，因此只有自然力的发展得到保证，劳动者的劳动效率才有可能得到保证，社会生产力才有可能实现长期可持续的发展。改善自然环境就是修复自然界本身的生产能力，生态重建的过程就是自然力自我调节重新焕发生机的过程，是通过完善劳动者的脑力和体力来发展社会生产力。在传统的粗放型经济发展方式中，自然要素的高投放率使得生产力越发展自然界遭受的危机就越严重。

从劳动对象上看，良好的生态环境是人类社会发展的前提条件。作为劳动对象，自然界是一切社会劳动进行的前提和基础，"没有自然界，没有感性的外部世界，工人就什么也不能创造"。马克思认为"所谓人的肉体和精神生活同自然界相联系，不外是说自然界同自身相联系，因为人是自然界的一部分"（马克思，2000），自然界虽然本身不是人身体的一部分，但却是人必需的身体外的无机条件，"自然界，就它本身不是人的身体而言，是人的无机的身体"。因此，人的全面自由发展本身就内含自然环境的发展,而且只有"身体"健康才能充分发挥人的主动性和能动性,实现规模化现代化的生产。自然是财富及生命的源头,"人不仅仅是自然存在物,而且是人的自然存在物"(马克思,2002),任何"不以伟大的自然规律为依据的人类计划,只会带来灾难"。人要通过社会劳动进行财富创造,而劳动的本质是"人和自然之间的过程,是人以自身的活动来引起、调整和控制人和自然之间的物质变换的过程"(马克思,1972)。"自然界为劳动提供材料,劳动把材料变为财富",农耕文明之前的财富与其说来自劳动,不如说是来自自然本身。马克思多次强调"劳动不是一切财富的源泉","自然界同劳动一样也是使用价值(而物质财富就是由使用价值构成的!)的源泉"(马克思,1995)。从劳动对象上看,自然环境在社会生产中的基础地位也不可撼动,因为"人只有凭借现实的、感性的对象才能表现自己的生命"(马克思,2000),脱离自然的任何劳动都是没有意义的。

马克思还认为资本主义制度是造成生态危机的重要原因。在资本主义制度下,资本生产的目的是追求利润,对生态环境的影响则置若罔闻。生产率的提高要求不断追加资源和原材料的投入,自然资源和生态环境过度开发必然会造成生产条件的退化和短缺。因此,在资本主义制度下,生产越发展,对自然环境的破坏就越严重,而"资产阶级在它的不到一百年的阶级统治中所创造的生产力,比过去一切世代创造的全部生产力还要多、还要大"(马克思,1995),资本在自我生产和壮大的同时降低了自然的价值,最终引发社会生产条件重构,导致"第二重资本主义危机"(詹姆斯·奥康纳,2003)。马克思还特别研究了资本主义制度中的殖民主义和城市化造成的区域不平衡发展,作为原材料供应地的农村等不发达地区与发达地区之间形成二元对立,而农村欠发达地区的相对优势只集中在一种或几种农产品的生产和耕种上，造成农业生产的单一化，破坏了农耕、牧林渔等多元发展的物质交换，加剧了其生态环境的脆弱性。

科学技术革命加速了"人和自然之间的物质变换过程"，人类创造巨大物质财富的同时，作为"劳动的富源"的生态资源环境条件遭到了前所未有破坏，黑色的工业文明时代显然不可持续，稀缺的资源环境束缚了新时代的经济发展，制约人类社会的进步。粗放的生产方式不仅造成了自然资源的巨大浪费，而且生产中产生的废气、废水和固体废物等副产品还会污染外在环境，给生态系统造成二次伤害。破解资源环境约束首先要改变这种生产方式，给生态环境和自然资源留下自我修复的空间，此外高碳的产业结构应逐步向低碳转型，由开发利用环境转向改善环境和保护环境，这正是绿色发展理念的价值导向。新时代背景下要解决农村生态环境困局，就是要在绿色发展理念的指导下，通过资源替代和技术进步消除环境污染，在保证环境利益的前提下实现经济利益。

二 马克思政治经济学的城乡关系理论

马克思是从发展的视角来考察城乡关系的，他认为生产力的发展是城乡关系发展演变的根本原因，城市和乡村的关系随着生产力的发展不断变化，而城乡之间的利益格局也会促进或制约生产力的发展。马克思从历史唯物主义出发，分析了城市和农村从混沌统一到相互对立再到最后走向融合的历史变迁过程。城市在农业剩余的基础上产生，社会分工使得农村和城市成为两个不同的利益集团，二者之间的关系随着生产力的发展而不断变化，从最初的相互依存到城乡对立，最后逐渐走向融合，城乡利益主体也会逐渐经历分化到统一的运动过程。

马克思认为农村是整个社会结构的基础，城市处于中心地位，二者相互依存缺一不可。农村生产力的发展是工商业劳动产生的前提，城市是在农村发展的基础上产生的，"农业劳动的这种自然生产率是一切剩余劳动的基础，因为一切劳动首先而且最初是以占有和生产食物为目的的。"（马克思，1974）农村剩余劳动力的向外转移才产生了城市工商业，工商业的生产资料也来自农业的初级产品，如果农业生产没有剩余，就不可能有城市的建立和发展。只有农业劳动发达到产生剩余的情况下，才会出现社会分工，而工商业和城市的产生就是以社会分工为前提的。工商业一旦发展起来就会使生产要素迅速集中到城市，人口和财富的大量涌入，生产资料的聚集使得城市逐渐成为整个社会的经济中心和政治中心，这种集聚效应不断自我增强，形成了激烈的竞争环境，城市劳动者在相互竞争中不断提高自身人力资本，进一步巩固了城市的中心地位。然而无论城市规模如何发展，城市和农村在社会分工中相互补充、相互依存的关系是永远不变的。

马克思认为城乡关系会随着社会生产力的发展不断变化，资本主义的私有制基础造成了城乡关系的对立。生产力的发展促使畜牧业、手工业与工商业相继从农业劳动中分离出来，进而形成了不同的利益集团，城市和农村两个集团在利益分割中不断竞争，必然会产生利益冲突和对抗，进而产生阶级对立。"一个民族内部的分工，首先引起工商业劳动同农业劳动的分离，从而也引起城乡的分离和城乡利益的对立。"（马克思，2009）城市的中心地位决定了其在利益竞争中占有优势力量，人口和财富的集中拉动了其他生产要素向城市的聚集，农村优质劳动力和生产资料资源不断流失，逐渐成为城市掠夺和剥削的对象。然而这并没有改变农村在社会分工中的基础地位，毕竟"农业劳动是其他一切劳动得以独立存在的自然基础和前提"（马克思，1972）。

不过随着生产力的发展农业剩余和工业剩余都流向城市，形成了城市越来越富而农村越来越穷的局面。"城市已经表明了人口、生产工具、资本、享受和需求的集中这个事实，而在乡村则是完全相反的情况：隔绝和分散。"（马克思，1995）

马克思认为，在更高级的人类共同体中城乡关系会走向相互融合，城乡关系对立的主要原因是生产力发展却发展不足。城乡之间的要素流动会带动农村经济发展，城市首先通过劳动力的流通实现对农村的辐射，"城市人口比农村人口大大增加起来，因而使很大一部分居民脱离了农村生活的愚昧状态"（马克思，1995），进而通过劳动资料和劳动技术的交流互换实现城市对农村的带动作用。生产力的发展水平是城乡关系变迁的最根本原因，农业社会的生产力和社会分工极度落后造成了城市依赖农村、农村包围城市的局面，工业社会的生产力取得了较快发展，形成了城市主导农村、农村依靠城市的格局。到了生产力高度发达的阶段，财富充分流通，社会分工消除，劳动成为人的第一需要，生产资料在新的共同体中按需分配，城乡关系将由对立走向融合。体力劳动与脑力劳动的无差别化是城乡融合的主要手段，"把农业和工业结合起来，促使城乡对立逐步消灭"，"从事农业和工业的将是同一些人，而不再是两个不同的阶级……通过消除旧的分工，通过产业教育、变换工种、所有人共同享受大家创造出来的福利，通过城乡的融合，使社会全体成员的才能得到全面发展"。（马克思，1995）

第二节　西方经济学的相关理论论述

西方经济学对生态环境的研究建立在外部经济的基础上，马歇尔认为，个人的生态保护和环境污染行为会提升或损害他人的环境利益，而这种影响又无需经济补偿，从而造成了外部经济问题。科斯在此基础上研究了将外部成本或收益内部化的解决方案，认为在产权清晰、交易费用为零的情况下，外部性问题就可以得到完美解决。福利经济学提出的庇古税方案认为应通过政府干预的方式将外部成本内部化。

一 外部性理论的解释

外部性是市场失灵的重要表现，也是造成公共地悲剧的主要原因。马歇尔是首位研究外部性领域的经济学家，他在《经济学原理》一书中提出了外部性这一概念，庇古后来将其扩展到外部不经济，并应用该理论对公共产品进行了分析。当主体行为没有通过价格给另一主体带来成本或收益时，外部性就产生了，而环境问题作为公共产品，是一种典型的外部经济问题。区域内的社会成员共同分享同一自然空间，生态环境作为公共品不具有排他性，个体环保行为的后果被其他主体无偿分摊，做出环保行为的主体付出的劳动却不能得到足额补偿，形成外部经济现象。同样，个体生态破坏和环境污染的行为也会被其他经济成员分担，造成外部不经济现象。外部经济不能足额补偿环境保护的行为，削弱了主体保护环境的动力，外部不经济造成环境污染行为的成本代价远小于经济收益，鼓励了主体的污染行为。

环境污染的外部性表现为边际社会总成本高于个体的边际成本，造成产量过高，危害生态环境。以河流上游的造纸厂为例，工厂生产过程中排放的污水危害下游居民，而在缺少制度规范的情况下工厂却不用为此支付成本，造成私人成本低于社会成本的情况。如图3-1所示，P_1为完全竞争市场中市场需求和供给相等时的均衡价格，也是厂商每多生产1单位产品所产生的边际收益，MPC为厂商的边际私人成本，在产量Q_1处厂商的边际收益等于边际成本，实现了利润最大化。

然而，随着厂商每生产1单位的商品，所产生的污水、废弃物等都给下游居民带来了外部边际成本，即 MEC，此时社会边际总成本 MSC = MPC + MEC。从社会总体来看，社会边际总成本与边际收益相等时的产量应为 Q_2，由于 $Q_1 > Q_2$，显然在厂商不承担污染的外部成本时，过量生产造成了严重的环境污染。

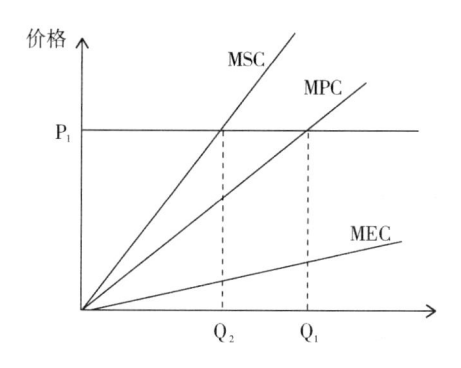

图 3-1 厂商的外部成本分析

二 科斯定理的解释

科斯认为造成外部性问题的关键不在于市场制度和税收制度，而是产权制度的缺失，解决这一问题的核心在于明晰公共产品的产权（Coase R. H.，1960）。科斯提出市场在资源配置中比政府更有优势，在不存在交易费用时，只要产权是明晰的，市场机制可以自动将资源配置到帕累托最优。当市场不完善，即存在较高交易成本时，资源配置效率在不同的权利分配和界定方式中存在差异，政府要根据交易条件选择。无论是庇古的税收补贴形式还是科斯的产权理论，其核心都是将公共品的成本和收益内部化，通过政府干预或者制度安排调整经济个体在公共资源开发利用过程中的成本收益，进而调节经济行为。

作为解决外部性问题的定理组，科斯定理共有三条，分别求解了不同假设条件下资源的最优配置问题。在代表作《社会成本问题》中，科斯用案例说明：当交易成本为零时，无论初始权利如何分配，只要产权界定是清晰的，都可以通过自由谈判达到资源的最优配置。后来这一观点被总结为科斯第一定理，其中交易成本为零是假设条件，而产权清晰和自由谈判是实现资源优化配置的手段。科斯认为在完善的市场经济中，只要将公共品的产权界定清楚，无论权利如何分配都能实现资源配置的帕累托最优。然而不存在交易成本的假设条件显然与经济现实不相符。科斯后续的研究放松了此项假定，他提出在存在正交易成本的情况下，合法权利的初始界定会影响经济运行的效率，这被称为科斯第二定理。在信息不对称的经济现实中，交易成本一般都是大于零的，此时制度安排不仅会影响资源和产品的分配，各种制度的产出效率也会产生差异。即在存在交易费用的情况下，资源配置的效率取决于产权的界定方式，因此优化资源配置就需要设定最合理的产权制度。在有交易成本存在的经济中，产权的初始条件设定是优化资源配置的基础，解决外部性问题就是要在几种制度安排中进行选择，科斯的制度选择思想被称为科斯第三定理。经济运行中的交易成本不可避免，依靠市场不能实现资源的最优配置，因此解决外部性问题需要根据不同的经济发展情况和法律社会环境来选择合适的制度安排。根据科斯的产权理论，解决中国农村的生态环境质量问题必须要综合考虑现实交易的成本和制度变迁的操作成本，从而进行合理的制度选择。

三 庇古税的解决方案

福利经济学建立在边沁功利主义哲学的基础上，由英国经济学家庇古（Arthur Cecil Pigou）建立并发展起来。他认为福利是人的心理状态上的一种满足，可以用效用来量化（Pigou A. C.，1999）。庇古是从总量的视角来对国民收入进行研究的，他认为经济福利的变化主要取决于国民收入，在此基础上分析了国民收入的增长和分配问题。福利经济学认为增加国民收入是提高经济福利的主要源泉，而在固定的国民收入水平上，个人收入越均等化，经济福利就越高。生产资源在各个生产部门之间合理配置是增加国民收入的主要方式，庇古是通过边际私人收益和边际社会收益的关系对其展开分析的。个体的经济选择不仅会带来私人收益，同时也会给整个社会带来不同程度的收益。在完全竞争市场中，资源和信息的自由流动会使边际私人收益与边际社会收益相等；而在现实经济中，由于信息不对称和市场不完善，个体行动造成的边际社会收益会与边际私人收益发生偏差，只有当边际社会收益大于边际私人收益时，社会才能从中获取好处，即个体行为发生了正外部性。否则，个体行为就会给社会带来外部损失。同样，由于信息机制不完善和劳动者在不同职业中存在转换成本，即使各类劳动的需求价格相同，也不能达到劳动的最优配置，造成国民收入和经济福利的损失。

福利经济学解决外部性问题的方法又被称为庇古税，庇古提出需要有政府干预才能实现资源的最优配置，进而最大化国民福利。他认为补贴和征税能达到私人收益和社会收益的均衡，对私人收益高于社会收益的行为进行征税，以控制经济个体对社会资源的无限开发和利用，对私人收益低于社会收益的行为进行补贴，尤其是对于农业这种外部收益大的产业要给予长期的高额补贴，以提高经济个体的积极性和主动性。福利经济学认为要利用国家的强制力量将富人的收入转移给穷人，才能在国民收入水平不变的情况下提高经济福利，要通过征收所得税和遗产税将富人收入直接或间接地转移给穷人，因为相同的收入带给穷人的边际效用会更大。在劳动力市场方面，积极促进信息流通降低劳动者的职业选择成本，让工人能够在不同地区之间自由流动、在各个职业之间灵活转换，以实现劳动力资源的最优配置。同时，制定最低工资法，为减少劳动剥削提供制度保障。很多国家的经济发展都表明，庇古税方案在生态保护和环境治理方面行之有效，为解决中国农村生态环境问题提供了理论借鉴。

第三节 中国农村生态环境问题政治经济学分析框架的构建

从前文的梳理可以看出，西方经济学相关理论只是对环境污染问题本身进行分析，并没有将生态环境问题置于发展的框架中进行系统性研究，马克思从发展的视角对城乡关系和生态环境问题进行分析，是对人类发展规律的一般考察，更具有普遍性。农村生态环境问题是粗放式经济发展方式的结果，研究和解决这个问题也需要从发展的视角来切入，因此应该从马克思主义政治经济学的视角展开对中国农村生态环境问题的研究。

本书遵循马克思主义政治经济学的基本研究范式，借鉴西方经济学的科学成分，结合新时代中国特色社会主义经济绿色转型的现实需求，从政治经济学的视角展开对农村生态环境问题的研究。政治经济学认为，满足自身的利益诉求是所有人类行为的内在驱动力，而最大化自身利益诉求的行为选择会被现行的制度规范约束，同时被一定激励机制所引导。因此，研究和解决农村生态环境问题，利益格局是核心，主体的行为调整是基础，制度安排是保障，激励机制是导向，如图3-2所示。本书选择利益格局变化—主体行为调整—制度安排规范—激励机制设计的政治经济学分析框架来研究农村的生态环境治理问题（李雪娇、何爱平，2016）。

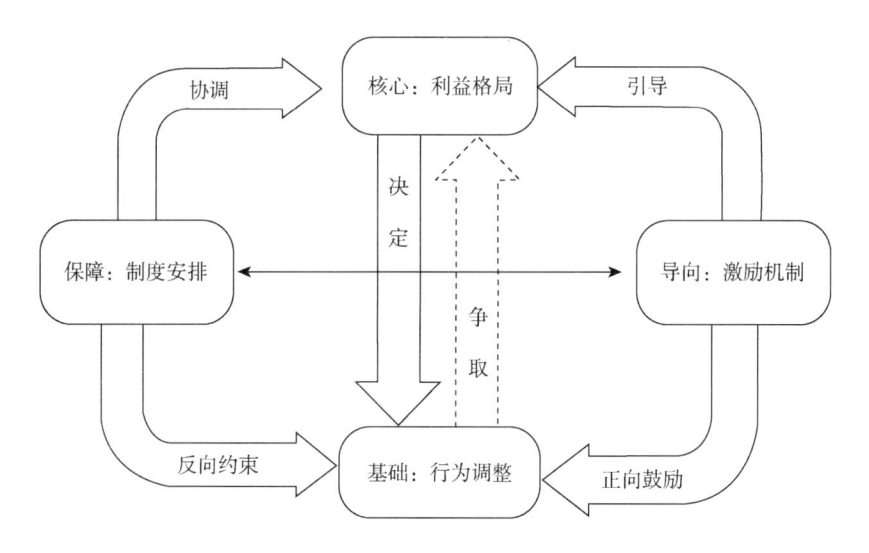

图 3-2 政治经济学的一般分析框架

一 农村生态环境问题的核心：利益格局

利益问题是政治经济学研究的核心问题，"人们奋斗所争取的一切，都同他们的利益有关"（马克思，1956），"把人和社会连接起来的唯一纽带是天然必然性，是需要和私人利益"（马克思，1956），而"共同利益"在任何时候都是由私人利益造成的。所有经济主体的行为都是为了最大化自身利益诉求的理性选择，利益作为"人民生活中最敏感的神经"（列宁，1988），毛泽东（1999）提出"必须兼顾国家利益、集体利益和个人利益"，邓小平（1994）也认为"不重视物质利益，对少数知识分子可以，对广大人民群众不行，一段时间可以，长期不行"。从发展的视角看，利益冲突具有推动社会发展的功能，利益格局的变化引发人们调整自身的行为选择，而建立在私人利益最大化基础上的个体行为的集合并非一定能带来公共利益的最大化。

环境利益和经济利益都是农村经济发展的客观需要，而长期粗放式的经济增长方式造成了两者之间的矛盾。农村既需要最大限度地开发利用自然资源以促进经济发展，同时也需要尊重自然、保护自然，以实现生活环境的稳定和可持续发展，在自然生态资源不可再生的情况下，经济利益诉求和环境利益诉求之间就存在竞争和冲突，个体需要根据自身的现实经济情况在两者之间进行抉择。同时，农村经济主体之间的利益诉求是不完全一致的，最大化的个体利益加总后并不一定带来集体利益的最大化，然而整体经济的发展取决于集体的公共利益。个人在追求自身利益的过程中会耗费集体资源，而每个个体的利益最大化必然会带来集体资源的过度开发和利用，进而造成公有地的悲剧。环境利益和经济利益的冲突不断刺激既有的物质利益格局，推动新时代经济发展向绿色低碳进行转型。经济系统的绿色转型必然会改变每个经济主体的利益诉求，进而引发主体行为的自我调整。因此，农村对经济利益的过度追逐造成了农村生态环境恶化的问题，而这种恶化的生态环境又反作用于农村的利益格局，推动农村经济向绿色循环低碳发展转型。

二 农村生态环境问题的基础：行为选择

经济主体最大化自身利益诉求的行为选择是决定经济发展成果的现实基础，城乡家庭、生产企业和地方政府的行为选择是造成农村生态环境问题的根本原因。

农户兼具农业生产者和消费者双重身份，发展资源的稀缺性导致农户的经济利益和环境利益的竞争、短期利益和长期利益的冲突、个体利益和集体利益的分化，而经济收入较低的农民更倾向于优先选择经济利益、短期利益和个体利益。农民为追求农业生产收入的增加，过量投入农药、化肥等生产资源而忽视了面源污染对农业的长期影响。而且受自身教育水平的限制和农村非正式制度的影响，农户不合理的消费习惯长期没有得到改善，造成了农村的污染浪费和垃圾堆积。

城市落后企业生产基地向农村的转移和农村企业粗放的生产方式加剧了农村的生态环境压力。城市家庭的需求结构率先升级，对优美生活环境的需求更加迫切，挤出了高消耗高污染的落后企业，而农村环境监管不足并且拥有更低成本的劳动力，自然接纳了这些落后企业，生产的污染随之转嫁到农村。农村本地的乡镇企业大多从事初级产品加工，资源利用效率低下，乡镇企业的污染排放水平远远高于国内工业企业的平均值。

中国是政府主导型经济，地方政府在经济发展和环境治理中同时发挥运动员和裁判员的双重角色。地方政府官员为赢得政治锦标赛，大多重视经济发展而忽视环境保护，严格的环境标准短期内必然会减少经济产出，影响地方政府的考核绩效，地方政府官员对污染排放和资源开采的行为选择性忽视。同时，由于城市更能够发挥经济发展的集聚效应和规模效应，地方政府普遍具有城市偏向，因而把环境污染等发展的代价更多地转嫁给了农村地区。

三 农村生态环境问题的保障：制度安排

洪远朋（2006）在《社会利益关系演进论》中指出，"制度的本质是协调社会利益关系的规则……制度变迁的过程就是社会利益关系演进的过程"。马克思政治经济学的制度分析采用了唯物史观和唯物辩证法（卢现祥，2006），制度的社会功能就是"协调好方方面面的利益关系，满足不同利益主体的利益需求"（王伟光，2010）。环境制度就是为了协调私人利益与集体利益、区域利益与整体利益、长期利益与短期利益的关系，将私人利益和区域利益最大化的行为控制在规定的范围中，在私人利益实现的同时不危害公共利益，在区域利益实现的同时不影响集体利益，平滑资源在长期发展和短期利用之间的分配。

作为经济发展的内生变量，生态环境制度对主体的环境行为进行规范和约束，以主体功能区建设为例，在生态承载能力和经济优势比较的基础上通过顶层设计对不同区域的经济发展功能进行划分，限制地方政府的空间开发行为，避免重复建设和资源浪费，合理利用国土空间促进人和自然的和谐共生。制度安排的功能就是提供一种如社会声誉、职位升迁之类的激励机制，制度安排的功能和作用主要用于激励与约束。农村环境制度的长期缺位和监督管理不足更是造成了城市向农村广泛性的污染转移。在以经济发展为中心的发展模式下，农村生态环境正式制度一直供给不足，在农村生态环境保护中发挥作用的非正式制度的影响力随着农业生产力的迅速提高和城镇化的推进被不断削弱，未能对主体行为作出有效规范。

四 农村生态环境问题的导向：激励机制

激励机制的主要作用在于"使制度正确"，社会整体的激励机制会影响到制度安排的方向及效率。制度安排体现的是国家的意志，代表了统治阶级的利益诉求。制度安排会降低交易的不确定性，正确的制度激励能够有效规范人们的行为，进而降低交易成本，提高经济发展绩效。生态激励机制的设计引导主体主动选择亲环境行为，生态激励机制会对经济主体行为产生重要影响。生态一票否决制则通过对政治晋升激励的改革直接转变地方政府官员的利益诉求，进而促进区域经济的绿色转型。制度安排和激励机制不可分割，制度安排通过规定范围约束人们的行为选择，激励机制决定了人们在"正确的行为选择"中行动的主观能动性，引导经济主体选择有利于集体利益和长期利益的行为。

激励不仅对制度安排的方向和效率具有导向性，而且对经济主体的行为偏好以及行动力也有较强的导向性。激励机制决定了人们在"正确的行为选择"中行动的主观能动性，会正向引导人们主动选择有利于集体利益的行动。一方面，对于被激励的经济主体本身来说，稳定的激励机制可以保证其生态环境治理行为得到持续的物质和精神回馈，增强了经济主体参与农村生态环境改善的意愿。另一方面，获得激励之后的行为选择会对其他经济主体产生示范效应，鼓励并引导所有经济主体参与到经济的绿色转型中去。因此，激励机制对主体行为的引导和鼓励是对制度安排的有效补充，也是发挥农村生态环境制度效率的关键，解决农村生态环境问题必须发挥激励机制的导向性作用。利益激励的方式包括正面激励和反面激励两种模式（王伟光，2010），正面的激励机制是直接给一定的利益或扩大利益，引导利益主体选择有利于公共利益和长期利益的行为，而反面激励就是设置一种惩罚机制来从相反的方向刺激主体选择与集体利益相容的行为。

第四章 中国农村生态环境问题的利益格局分析

利益格局的演变是造成农村生态环境恶化的核心原因。"追求利益是人类一切社会活动的动因"（王伟光，2010），农村生态环境问题的形成和加剧是物质利益演化的结果。如图4-1所示，农村自我污染和城市向农村的污染转移，是农村生态环境问题的两个主要类型，两

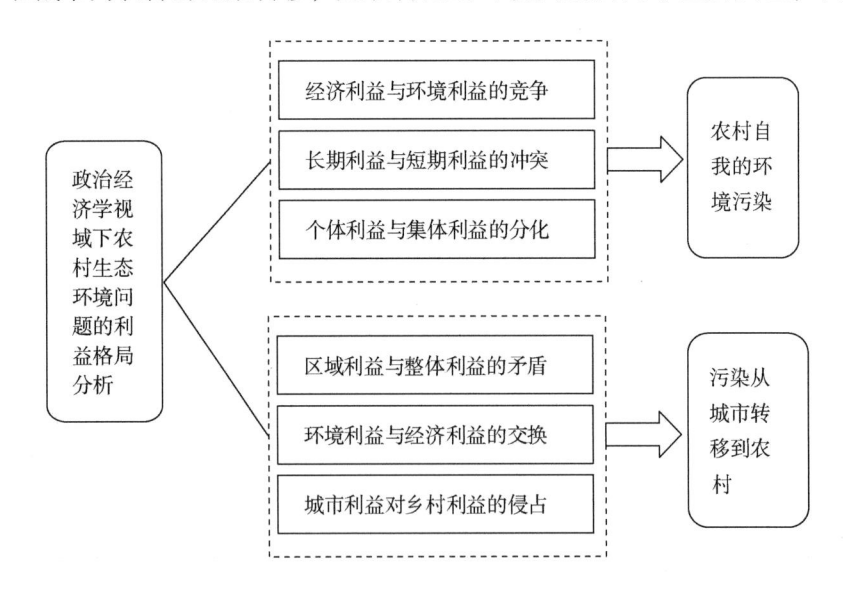

图4-1 政治经济学视域下农村生态环境问题的利益格局分析

者均是不同利益关系相互竞争和冲突的结果。一方面，经济发展资源的稀缺性导致农民在经济利益与环境利益的竞争中倾向于前者，在长期利益与短期利益的抉择中忽略后者，环境的共用性导致个体利益和集体利益的分化。另一方面，环境利益的稀缺性导致城市和农村存在区域利益矛盾，城市和农村的经济势差和环境禀赋差异是造成城市垃圾转向农村的主要原因，城市用率先发展起来的经济利益与农村的环境利益进行交换，加重了农村的生态环境问题。

第一节　农村自我破坏和污染的利益格局分析

绿色发展实质上是要解决发展模式的转型问题，要实现农村发展方式的低碳化和清洁化转型，核心就是要协调好利益的问题。农民在生产生活中的污染行为是导致农村生态恶化和环境破坏的重要原因。农村的经济发展水平落后，农民的需求结构和环境知识存量以及环境的公共性质造成农民更倾向于短期的经济利益和私人利益，弱视甚至忽视长期环境利益和农村集体利益。这种经济利益与环境利益、长期利益与短期利益、个体利益与集体利益的矛盾和冲突不断运动发展，导致农村自然环境在代际传递中不断恶化，威胁农村和人类的长期经济可持续发展。

一　经济利益与环境利益的竞争

经济利益和环境利益都属于人类基本的物质利益需要，在农村经济发展和农民的生存质量中不可或缺。如图 4-2 所示：从需求结构的角度考虑，农村较低的经济发展水平决定了人们更倾向于优先选择经济利益；从成本收益的角度考虑，农户容易放弃收益率低且资本周转较长的环境利益;从环境认知的角度考虑,农村天然的环境优势和认知能力的限制导致农户对环境利益的重视不足。

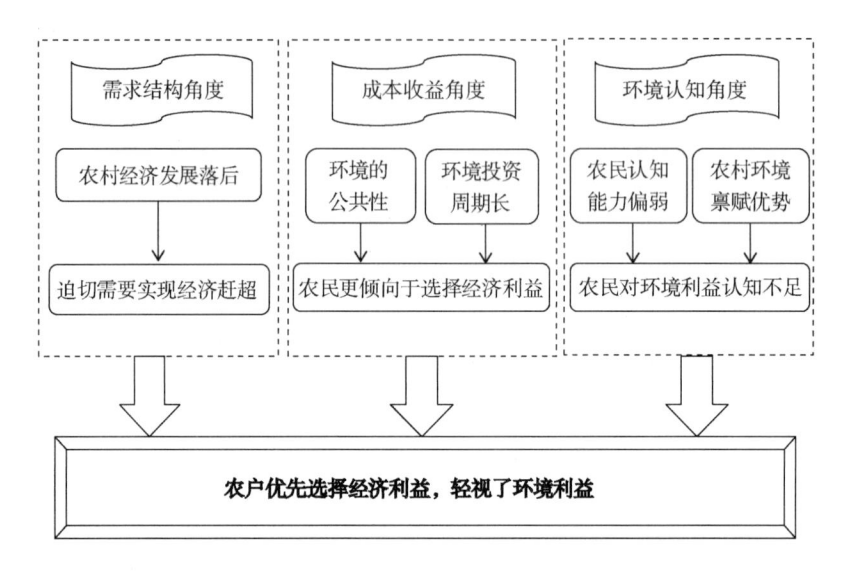

图 4-2 经济利益和环境利益的竞争

首先,经济利益和环境利益的需求弹性差异是农村优先选择经济利益的根本原因。经济发展的不同阶段,人们对经济利益和环境利益的需求弹性不同。农村经济发展水平相对落后,生存和发展是农村面临的最大问题,农民更愿意用有限的生产资本去获取经济利益。城镇化的进程加快了城乡之间的利益互换,为农村实现经济利益创造了更多的客观条件。农民对环境利益的需求弹性相对偏低,生态保护意识薄弱,也不愿意投入资本参与环境治理,然而任何经济利益的实现过程都是伴随自然环境损耗的,尤其是农业生产。作为农村最主要的生产活动,农业生产必然以自然力的耗费为前提,农作物的培育和生长中消减了土地肥力,占用了农村的淡水资源和人类劳动,造成农村生态资源的大量消耗。而且随着现代农业技术的应用,农民在追求短期经济利益的过程中大量使用化肥、农药、塑料薄膜等石油产品,过量投入的石油产品不能被作物吸收造成对土地的二次污染，进一步加重了农村的生态环境压力。不幸的是，农村周围的乡镇企业多以低端加工制造业为主，技术含量低环境污染重，排放的废气污水破坏了农村的空气和土壤，不仅危害农户的生产和生活环境，而且降低了农业的自然生产力。因此，农户因为受经济发展水平的限制，在经济利益和环境利益的抉择中放弃了后者，而且在实现经济利益的过程中又必然造成对环境利益的再次损害，加重了农村的生态退化和环境污染。

其次，环境利益实现过程中的非排他性和长周期性导致农民更愿意选择经济利益。环境作为一种公共产品，存在经济收益的非排他性，生态环境问题在农村是个历史悠久的痼疾，只是随着农业现代化和城镇化进程的不断加快更加明显而已。尽管所有农民都有改善居住环境的意愿，但是任何投入改善环境的收益都会被他人无偿占有，同时别人对自然环境的投入和努力也会改善自身的环境利益，这种收益均摊的必然性不仅降低了个人环境投资的收益率，而且加重了人们的搭便车心理，因此农户缺少改善环境质量进而实现农村全体环境利益的动力。而且，人类已经在经济生产和再生产中积累了大量的经验，农户可以依赖这种经验保证生产活动中的经济收益水平，而生态重建和环境保护在我国20世纪80年代才被重视起来，人们对此的经验储备还不充分，科学技术的研发和应用也相对落后，农户在环境利益中的经济效益不能够得到保障，也打击了农户实现环境利益的信心和热情。另外，生态修复和环境治理与自然环境的生产力息息相关，科学技术的进步虽然可以提高废气废水和固体废物处理和改造的效率，却对植物生长的自然规律爱莫能助，环境利益实现的周期过长也是导致农户在经济利益和环境利益的选择中更倾向于后者的重要原因。

再次，农村具有天然的环境利益优势和农民对环境利益的非理性认知导致环境利益被忽视。农业生产营造了一个天然的绿色空间，相比于工业对于无机物的利用和加工，"农业是对动植物本身加以利用的生物生产……因此它在给自然添加负荷的同时，也具有储存水源、防止土壤流失和洪水暴发、净化水和空气、保护国土和生态环境的功能"（祖田修，2003）。农业生产的这种生态保护功能让农村在自然环境禀赋上有一种天然的优势，这种优势让人们沉浸于生态优越的满足感中，导致对农村生态环境问题的认知不足。殊不知，农业生产与自然环境的密切关系既有正面效应也有负面影响。正是由于农业生产中动植物与自然环境的这种能量转化和互换，一旦自然环境被破坏，将给农业和农村带来毁灭性的打击，因此农村生态保护和环境治理的重要性和紧迫性一点也不亚于城市。同时，二元经济结构下的教育资源向城市倾斜，农户的受教育水平远落后于城市，农村人口的平均受教育年限为 8 年，是城市平均水平的 2/3 都不到（城市平均受教育水平为 13 年）。知识存量的不足导致农民没有正确认知环境利益重要性的能力，更热衷于当前经济利益的追逐和实现。如果说农村生态环境的天然优势迷惑了农民对环境利益重视不足，这种知识存量和信息处理能力的缺失则纵容了农民对环境利益的忽视。

二 长期利益与短期利益的冲突

发展资源的稀缺性导致农村在长期利益和短期利益之间不能兼顾，良好的生态环境需要数代人的共同努力，而人类追求短期利益的本能和资本逐利的本性使得这种长期利益容易被忽略。农村优美的生态环境会自动实现代际传递，但是创造优美环境的短期投入却不能得到代际分担，这种投入和回报在时间上的分配不公也促进了农民容易舍弃长期的环境利益。如图4-3所示，农村对短期利益的优先选择加剧了生态破坏和环境污染。

```
┌─────────────┐  ┌─────────────┐  ┌─────────────┐
│环保回报具有滞后性│  │长期利益的不确定性│  │经济资源的稀缺性│
│┌───────────┐│  │┌───────────┐│  │┌───────────┐│
││短期利益和长期││  ││人们更倾向于 ││  ││短期利益和长期利││
││利益分割    ││  ││短期利益    ││  ││益不能兼顾   ││
│└───────────┘│  │└───────────┘│  │└───────────┘│
└──────┬──────┘  └──────┬──────┘  └──────┬──────┘
       ▼                ▼                ▼
┌─────────────────────────────────────────────────┐
│     短期利益被优先选择，长期利益被忽视            │
└─────────────────────────────────────────────────┘
```

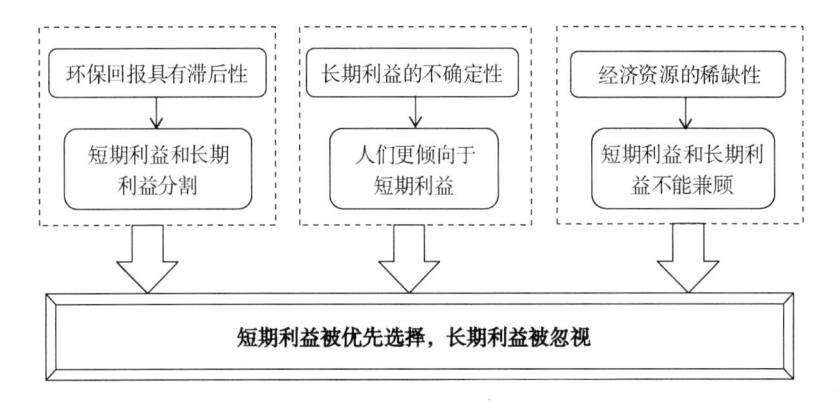

图4-3 短期利益和长期利益的冲突

环境利益实现过程中的短期投入和长期回报在时间序列上的分配不公造成了长期利益和短期利益的分割。环境利益的实现具有一定的滞后性，土壤的改良历时数年试验，空气和水源的净化也离不开持续的付出，良好的生态环境需要较长时间的培育，山清水秀的居住环境甚至需要几代人共同的努力，本代人甚至有可能都享受不到环境投入所带来的好处。然而生态破坏的效应却是逐渐累积的，破坏环境的行为在短期的影响并不显著。随着土地城镇化和人口城镇化的不断推进，农村流出人口迅速增加，环境行为的正向或者负向影响还来不及显现，农村经济主体就已经转换身份成为进城农民工或者城市居民了。正所谓"前人栽树后人乘凉"，环境的良好收益能够自动实现代际传递，后代人的收益率有时还会大于本代人，这种收益的非对等性削弱了当代人修复生态和治理环境的积极性。而且生态环境的保护和治理需要投入大量资本，这种经济成本的一次性巨额投入却不能通过代际传递进行分担，加剧了环境保护的利益在当代人和后代人之间的不公平分配，因此理性的经济人短期内并没有积极参与环境治理的利益驱动。环境正向利益和负向利益代际分配的不均等造成了长期利益和短期利益的分割。

长期利益的不可视性造成人们更倾向于短期利益的实现。短期利益是人类行为选择的基础，农民不能透过复杂的经济现实预测未来，更倾向于短期利益的实现，而且如果短期利益得不到满足，农民的生存和发展都成了问题，长期利益更无从谈起。长期利益并不在人们的可视范围之内，这种时空的跨越使得人们不能切实感受到长期利益带来的好处（卢现祥，2013），从而容易被人们弱视甚至忽视。正如凯恩斯的感慨"长期看，我们都死了"，当代人从自身的利益出发做出经济选择，对整个人类在时间上的延续则关心不足。然而，只注重短期利益在长期可能会造成适得其反的后果，恩格斯（1995）在《自然辩证法》中指出："我们不要过分陶醉于我们人类对自然界的胜利。对于每一次这样的胜利，自然界都对我们进行报复。每一次胜利，起初确实取得了我们预期的结果，但是往后和再往后却发生完全不同的、出乎预料的影响，常常把最初的结果又消除了。美索不达米亚、希腊、小亚细亚以及其他各地的居民，为了得到耕地，毁灭了森林，但是他们做梦也想不到，这些地方今天竟因此而成为不毛之地，因为他们使这些地方失去了森林，也就失去了水分的积聚中心和贮藏库。"

经济资源的稀缺性使得短期利益和长期利益不能兼顾，资本逐利的本性更倾向于短期利益。利润是资本生产的手段，更是资本生产的目的，资本追求利润的本性使其具有天然的短视性。任何资金的投入都以获得利润为前提，由于资金的流动速度与利润增长速度正相关，农民作为农业的生产者和经营者更偏好于短期收益，而这种短期经济利益的实现常常是以长期环境利益的牺牲为代价的。联合国人类环境会议发表的《人类环境宣言》指出：我们不只是继承了父辈的地球，而且是借用儿孙的地球。只有我们留给后代的地球能够满足其生存和发展的基本需要，完成生态环境的代际传递，人类经济社会的永续发展才是有可能的。然而"文明与产业一般的发展，已经说明它们对于森林的破坏力；与这种破坏力比较起来，它们在森林保存和生产上的贡献，是微乎其微的"（王珏，1998），生态破坏和资源消耗的不断蓄积，最终会爆发为严重的生态灾难，破坏后代人的生存基础。自然作为农业生产的重要生产资料，是农村经济发展的前提条件，自然条件的可持续发展是经济实现长期发展的客观基础。资本在生产中不断降低自然的价值，导致生产条件的重构，引发"第二重资本主义危机"（詹姆斯·奥康纳，2003）。有限的资源必须在不同代人之间进行公平分配，才能保证人类社会的长期可持续发展。

三 个体利益与集体利益的分化

生态环境作为一种公共产品，其外部性和共用性导致个体利益和集体利益的分化，而土地城镇化和人口城镇化的进程造成环境利益享用权的变化，加剧了个体利益和集体利益的冲突。退一步说，即使农村所有经济主体都有改善环境的意愿和能力，根据集体行为理论也未必会达到预期的结果。如图4-4所示，个体利益和集体利益的分化加剧了农村的生态破坏和环境污染。

农村生态环境的共用性造成个体利益和集体利益的分化，这种利益的冲突外部表现为生态破坏和环境污染。人们在生产生活中的一切行为都是为了获得更大的利益，"在社会历史领域内进行活动的，是具有意识的、经过思虑或凭激情行动的、追求某种目的的人"（马克思，1995）。生态环境为全社会共用的性质意味着个体行为的收益会被其他社会成员无条件分割，导致行为人的环境行为收益不能冲抵个人

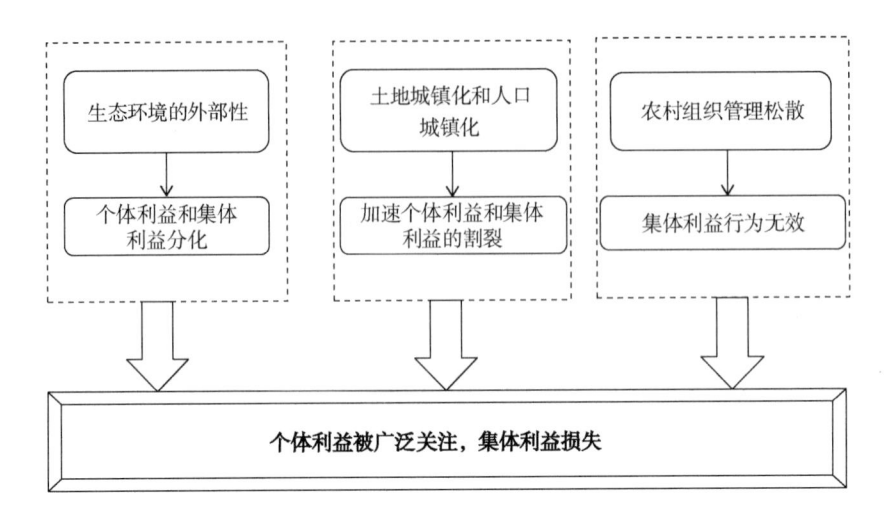

```
┌─────────────────┐  ┌─────────────────┐  ┌─────────────────┐
│  生态环境的外部性  │  │  土地城镇化和人口  │  │  农村组织管理松散  │
│                 │  │     城镇化       │  │                 │
│        ↓        │  │        ↓        │  │        ↓        │
│  个体利益和集体   │  │  加速个体利益和集体│  │  集体利益行为无效  │
│    利益分化      │  │    利益的割裂    │  │                 │
└─────────────────┘  └─────────────────┘  └─────────────────┘
         ↓                    ↓                    ↓
┌──────────────────────────────────────────────────────────┐
│        个体利益被广泛关注，集体利益损失                      │
└──────────────────────────────────────────────────────────┘
```

图 4-4 个体利益与集体利益的分化

成本，这种私人利益和公共利益之间的分裂导致人本身的活动成为一种与他对立的力量。生产中的自然资本被全社会分摊，降低了私人成本，这变相鼓励了人们在生产中投入更多的自然资源，导致"掠夺式的开发在越来越大的规模上进行"（福斯特，2006）；个人保护环境的正向利益被其他社会成员共享，为环境保护付出的劳动却不能得到足额补偿，挫伤了个体在环境保护中的积极性。环保行为的缺失和破坏盛行导致生态破坏和环境污染在农村成为常态。随着我国城镇化的不断推进，农村尤其是近郊农村的土地更容易变成城市扩张和企业转移的备选地，这加剧了农民在环境治理方面的惰性以及对政府和企业的依赖，纵容了环境污染行为，进而导致绿色的农业文明面临城市污染转移的重大威胁。

环境的共用性造成集体为个体环境行为埋单，而城镇化进程加快了这一过程，进而造成个体利益在实现过程中的断裂。土地城镇化过程中造成农村土地所有权和使用权的变更，农民不能享受在原有土地上环境投资的收益，也不用为土壤破坏行为承担后果。随着城市的扩张,近郊农村的土地城镇化过程让一直未能得到合理经济分配的农民一夜暴富,农民从土地转让中得到的大量经济补偿远远超过辛苦劳作的收入,削弱了农民生产和环保的积极性。土地城镇化过程中还会伴随基础设施的改善,政府在农村城市化进程中的基建投入为原来农村的环境问题埋单,变相激励了农民的环境破坏行为。土地城镇化使耕地变成了厂房和道路,硬化的地面破坏了原有的生态结构,切断了土壤和空气之间能量和水源的交换与循环,造成热岛效应。即使在远离城市的偏僻农村,也逃脱不掉城镇化进程的影响。农村优质的劳动力资源在城市获得了更高的工资收入和社会保障,有迁居城市的意愿和能力,农村生存环境质量对其将来的生活不再有影响。而留守在农村的劳动力普遍受教育水平较低,环境认知能力和知识储备的欠缺导致根本不能在生产中同时实现环境改善。因此,近郊农村的土地城镇化导致农村把环境质量改善的责任推给了地方政府和企业,偏僻农村的人口城镇化使农村失去了环境保护和生态修复的能力,城镇化进程阻断了农村环境行为的个人利益回流,加剧了农村的生态环境问题。

从集体行为理论的角度出发,即使全体农民都具有改善环境的意愿,集体行为选择的结果也不一定能实现预期目标。我国农村实行的是村民自治制度,同一个村庄的农民作为集体成员,即使从自身利益最大化的角度出发,也会存在与集体不一致的行为。布坎南已经用博弈论证明,对于个人而言,为了使他们自己或者群体的效用最大化,搭便车总是个人的理性选择(Allen Buchnan,1980)。即使农民都具有保护生态和改善环境的意愿并将此付诸行动,集体行动的结果也可能会陷入"囚徒困境"。奥尔森提出当群体足够大时,个体在集体行为中的利益分配就会十分小,因此在大群体的社会中,只有成本有效分配,公共好处才会被自发地生产出来。生态环境的外部性决定了生态保护和破坏的成本不能够得到真正有效的分配,自然环境的保护不仅仅需要一个村庄的努力，环境改善与区域内每一个人息息相关，需要多方联动共同协作，个人的努力在环境改善方面的效果微乎其微，单个农民的环境行为缺少目标成效的激励，很难在时间上做到延续。更何况农民本身就是一个松散的群体，农民是因为农业生产资料才聚集在一起，"人口的农业基层，是十分简单地依据自然资源的分布来决定区位的"（张培刚，2014），即使在后来共同的生产中培养了阶级感情，但仍然不能算有共同利益目标的群体，环境这种集体利益在农民群体中并非首要需求，不能将农民凝聚在一起形成有序行动的集团，农民个体为私人利益进行行为选择，更加重了集体利益的损失。

第二节　城市对农村环境掠夺的利益格局分析

城市向农村的污染转移和农村对城市的绿化输出是加重农村生态环境问题的重要方面，"人们奋斗所争取的一切，都同他们的利益有关"（马克思，1956），城市对农村的环境掠夺也是城乡居民为各自利益奋斗的结果。经济发展资源的稀缺性决定了城市和农村在环境利益上存在矛盾，农村基于自身发展水平的限制愿意用禀赋较高的环境利益换取城市的经济利益，而城市的领先发展使其具有较强的政策影响力，可以通过交换和强占两种方式实现对乡村环境利益的掠夺。

一　区域利益与全局利益的矛盾

资源的稀缺性是污染从城市转移到农村、绿化从农村转移到城市的根本原因，地方政府的区域之争加剧了这一进程。如图 4-5 所示，区域利益和全局利益的冲突是污染从城市转移到农村的重要原因，城市和农村作为两个不同的区域在经济发展资源和生态环境资源上存在竞争，而且省际、市际、县际的竞争也会加剧城市对农村生态环境资源的掠夺。

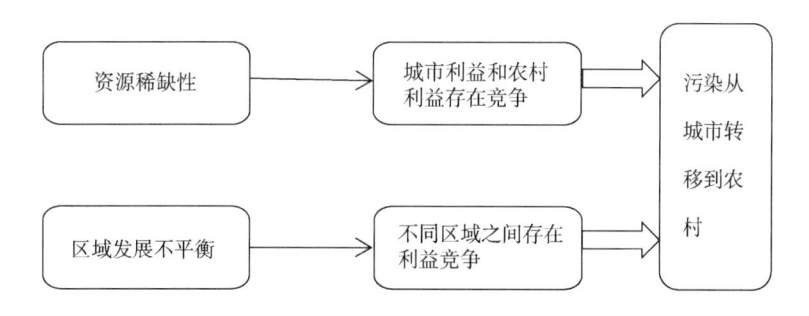

图 4-5 区域利益和全局利益的矛盾

资源的稀缺性导致城市和乡村两个不同区域存在利益竞争，导致区域利益与全局利益的分化。"虽然狭义的自然可持续性意味着对各代人之间社会公正的关注，但必须合理地将其延伸到对每一代人的内部的公正的关注"（世界环境与发展委员会，1997）。整体上看，环境利益作为一种公共利益，是城乡发展的共同目标，环境利益的实现要求资源配置合理、城乡区域协同，各区域共同分享经济发展成果、分担环境治理成本。局部地看，经济社会资源的稀缺性决定了各区域在发展中存在竞争关系，城市的产业技术优势和较强政策影响力使其在公共投资和绿色产业的竞争中更胜一筹，吸纳了更多的资本和优势产业，使农村在新的环境资源分配中处于劣势，导致农村同时缺乏环境治理的资本投入和低碳环保的优势产业。基于自然资源的禀赋劣势和人口压力，城市通过污染下乡和绿化进城等方式占有农村环境资源，削弱了农村在环境方面原有的资源禀赋优势。这种环境资源的转移本质上就是一个主体对另一个主体环境平等权的侵害和环境容量的剥夺（李方一等，2013），给本来经济发展水平就落后的农村带来新的生态环境压力。城市享受发展的利益，农村承担发展的成本，这是落后的代价，然而城市的优先发展正是以压低农产品价格为前提，可以说"农村如此落后正是城市能如此先进的原因"。城市原本就是通过侵占农村经济利益积累了生产资源进而领先实现了经济发展，生态资源的掠夺更加剧了城乡之间的利益不公。因此，资源的有限性决定了城乡之间存在区域利益之争，城市对农村环境的持续掠夺加剧农村生态退化，危害农业生产和城乡人力资本，从而造成全社会的利益损失。城市和农村的区域利益和全局利益之间存在冲突，这种冲突加剧了城乡竞争，是污染从城市转移到农村的重要原因。

转型时期地方利益集团对区域利益的过度竞争是导致污染从城市转移到农村的重要原因。转型时期的中国经济区域发展不平衡，在改革进程中形成了由地方政府主导，政府、企业和公众为一体的地方利益集团，各利益集团之间针对自然资源、绿色产业和产品市场展开竞争。地方政府为实现区域利益盲目引进优势产业和中央政府的公共投资，以求提高地方财政收入、拉动公众就业、改进当地社会福利，城市不能容纳这些"优势产业和投资"，只能转移到周边农村。自然和经济资源的稀缺与非均衡分布也是地方利益分化的主要原因，资源禀赋优势是实现利益的天然助力，马克思指出，"一个国家从自然界中占有肥沃的土地、丰富的鱼类资源、富饶的煤矿（一切燃料）、金属矿山等等，那么这个国家同劳动生产率的这些自然条件较少的另一些国家相比，只要较少的时间来生产必要的生产资料"（马克思，1979）。然而自然资源多富集在农村，经济资源聚集在城市，城市受地理位置和人口规模的限制，不能大幅扩张，因此各地多通过将部分生产企业转移到农村以实现资源整合。而农村长期基础设施投资不足，对环境问题重视不足，污染治理能力落后，企业进村的过程就是污染下乡的过程。污染下乡，其后果是社会生产的外部环境成本转嫁到农村居民头上，从而城市节省了一笔必要开支（梁庚尧、刘淑芬，2005）。污染从城市转移到农村,就是用农村的高污染成本来取代城市的低污染成本,在没有降低污染强度的情况下变相加重了污染的危害,是牺牲农村利益换取城市生活环境,有悖于区域协调发展,不利于城乡一体化建设。

二 环境利益与经济利益的交换

从表象上看,城乡之间的污染转移是城市经济利益与农村环境利益的交换,然而这种看似合理的交换背后不仅是城市对农村剥削的结果,而且是对农村长期发展空间的进一步压榨。如图4-6所示,城市利用农村的生产剩余取得优先发展,需求结构领先升级,愿意用经济利益换取农村的环境利益,而落后的农村急切需要生产资源以实现经济追赶,在青壮年劳动力转移、农业发展存在"瓶颈"的情况下不得不接受城市的污染转移。

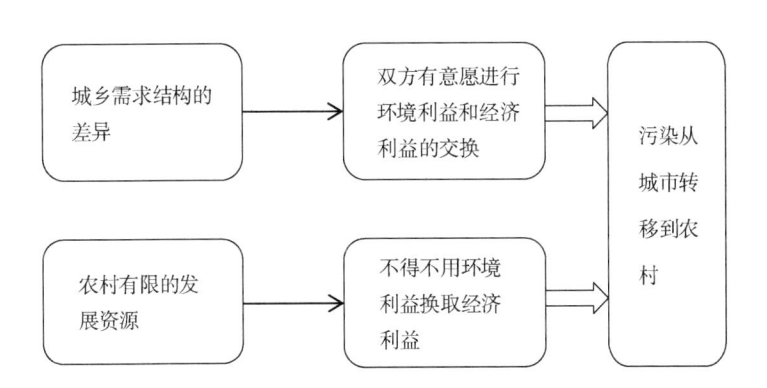

图4-6 环境利益与经济利益的交换

城乡居民差异化的需求结构使得双方都具有用生态环境利益和经济发展利益交换的意愿。"污染转移根源于经济梯度的存在"(李方一等,2013),人类需求随着经济社会的发展水平而不断升级,经济发展差距是造成城乡环境不公的主要原因(洪大用,2001)。城市享受更多改革红利，经济发展水平领先于农村，统计数据显示，近年城镇居民可支配收入均超过农村居民的两倍，人均消费水平也远远领先于农村。环境利益在需求层次中排序相对较高，城市居民已经不再满足于生理需求和安全需求，开始追求生产场地和生活空间的环境质量，农村经济基础薄弱且长期落后于城市，实现经济发展追赶的愿望更加迫切，环境需求必然排在发展之后。而且农村自身的环境禀赋优越，农民对绿色环境的失落感很容易被经济利益的满足感抵消。在此背景下，即使个别的先进农户或村干部认识到"绿水青山"的重要性，也依然会优先选择"金山银山"，走先污染后治理的道路。城市和农村的经济基础决定了对环境质量的需求程度，这种需求结构差异体现在环境标准的差异上，农村相对较低的环境标准成为传统企业生产基地转移的"污染天堂"，近郊农村甚至直接变成城市的垃圾填埋场。污染自发地从环境的高标准域流向低标准域的过程（李方一等，2013），就形成了污染从城市向农村转移的过程。因此，城市和农村对环境需求层次的差异导致污染在城乡之间的"交易性转移"。然而这种城市利用农村的环境容量承载污染的行为，违背了"谁污染谁治理"的基本环保原则和"谁破坏谁付费"的生态补偿机制，污染从城市转移到农村使城市逃脱了治理污染的责任，而农村承担了经济发展的外部成本，是城市对农村的环境剥削。

其次，农村有限的经济发展资源使其不得不利用生态环境利益换取经济发展利益。改革开放初期，城市已经从农村汲取了很多生产资料，农村要实现经济追赶只能用环境利益进行交换。城市已经汲取了农村的劳动力资源和生产剩余，农村只能用劳动对象——自然环境和城市进行交换。中华人民共和国成立初期，我们实行了农业哺育工业、农村哺育城市的经济发展战略，利用工农产品"剪刀差"将农业剩余转移到城市，农村失去了再生产的积累和储蓄，劳动工具和劳动技术发展远远落后于城市。农村大量青壮年劳动力随着城镇化的推进不断流向城市,为城市的建设做出了突出贡献,然而受户籍制度的限制,进城农民工并没有得到合理的经济利益分配,农村依然处在经济的劣势地位。而留守在农村的老弱妇幼,不仅文化素质较低,不能承担农业生产的重任,而且身体素质较差,加重了农村的抚养负担。同时,由于我国社会主义市场体系建设还不完善,农产品的市场流通和交易不畅,粮食滞销、谷贱伤农的事件时有发生,导致农民在社会化大生产中付出的劳动不能实现货币转化。农村优质劳动力的流失和劳动资料的匮乏使得农村在经济发展资源上已经没有优势,只能用仅存的生态环境禀赋优势去交换经济利益。然而这种环境利益的损失必然会影响对自然依赖性更强的农业生产,农业是定国之本,邓小平(1994)早就指出,"农业搞不好,工业就没有希望"。环境作为农村仅存的生产要素优势被剥夺,拉大了城乡差距,影响经济发展和社会稳定。污染从城市到农村转移是城市对农村环境容量的剥夺,有悖于同代人不同群体之间的环境公平,有悖于区域之间的环境公平。

三 城市利益对农村利益的侵占

我国经济发展中的城市偏向加剧了城乡二元经济结构的矛盾,城镇化进程又促进了经济资源向城市的集中,经济发展资源在城市富集是城市侵占农村利益的基础。人口密度的提高增加了城市的环境压力,为满足市民的绿化需求,城市通过污染下乡和绿化进城的方式利用农村环境资源,侵占了农村的环境利益。如图4-7所示,城市利益对农村利益的侵占加剧了农村的生态环境压力。

农村剩余劳动力的大量转移是造成城市侵占农村利益的重要原因。城市工业的迅速发展带来了大量的就业需求,再加上城市相对具有更

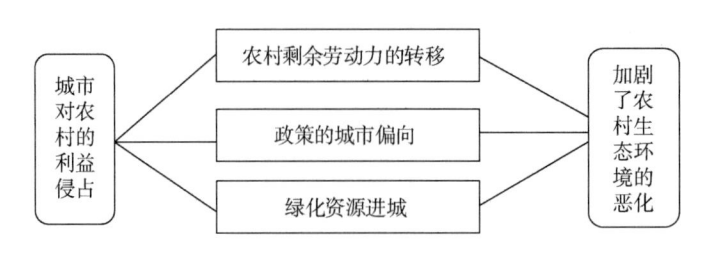

图 4-7 城市利益对农村利益的侵占

高的工资水平，对农村剩余劳动力的转移产生了强大的"拉力"，同时技术进步造成农业生产的机械化和现代化，大大降低了农业生产中的劳动力投入，对劳动力从农村流向城市形成"推力"。在一拉一推的双重作用下，农村青壮年劳动力大量流入城市，促进了人口的城镇化。人口从农村向城市的转移，不仅降低了农村劳动力的平均质量，也会影响到城市的人口结构和需求结构。"随着工业化过程的进行和人口的城市化，对农产品（粮食和原料）的总量需求会有较大增长，对其结构会有更高级化的要求，而适应需求的这种变化趋势，就必然促进农业的现代化转变，而不可忽视或削弱农业"（张培刚，1984）。这种结构的转变同样需要大量优质劳动力资源，农村相对较低的工资水平对青壮年优秀劳动力缺少吸引力，留守农村的老弱妇幼不仅没有能力调整生产结构，而且需要更多的社会观照，反而给农村造成更大的压力。农业得不到发展，工业和服务业的发展就失去了根基。马克思曾经指出，"最文明的民族也同最不发达的、未开化的民族一样，必须先保证自己的食物，然后才能去照顾其他事情"（马克思，1973），人们对食物的基本需求得不到满足，直接影响了城乡人力资本的再生产质量。任何生产活动都是人类利用自然和改造自然的过程，农业生产作为唯一的"生态产业"，不仅给农村带来了经济效益，同时为人类社会生存环境质量的改善做出了巨大贡献。而工业主要以无机物的加工为主，对生产资料的改造必然会伴随污染和废弃物的生产，给生态环境带来负面影响。牺牲农业以发展工业的做法，就是牺牲生态环境来支持污染产业，不仅造成了城市对农村经济利益的侵占，而且对自然生态环境造成了更加严重的破坏。

二元结构中的城市偏向为城市污染转移到农村铺平了道路。我国城乡二元经济分割的主要原因是农业支持工业发展的政策造成的，即工业中心和城市偏向的政府政策造成的（蔡昉等，2000）。中国的增长模式中有明显的城市偏向，中华人民共和国成立初期工农产品的价格"剪刀差"导致农业生产剩余转移到城市，挫伤了农民在农业生产中的积极性，导致农业生产的效率持续走低，人均粮食产量的增长近乎停滞。改革开放以来农村青壮年劳动力源源不断地输入城市，为城市的资本增值提供了基础，然而受户籍制度的限制，这些劳动力并没有平等分享城市经济增长的盛宴，为污染在城乡之间的转移埋下了隐患。改革开放之后城乡二元的户籍制度有所松动，却依然没有从根本上改变农村以低价的生产资源支援城市发展的关系（郑有贵，2000）。发展中的城市偏向拉大了城乡发展差距，进而造成城市和乡村居民在政策影响力上的不对等。城市集中了经济发展的优势资源，信息传播和流动的成本低、速度快，可获得性强，再加上城市居民相对较高的受教育水平和知识存量，城市居民的政策影响意愿和能力远远领先于农民。这种政策影响力直接反映在政策导向上，城市偏向的政策导向促进了城市经济的率先发展，并且进一步加强了城市居民的政策影响力，即使农村居民有完善的信息供给渠道和环境质量的需求，在城市和农村的博弈中，城市依然可以通过更强的政治影响力将农村变成生活垃圾的堆放地和工业垃圾的填埋场，实现城市垃圾和污染向农村的"强制性转移"。

城市对农村环境利益的侵占不仅仅是污染转移，还包括对农村绿化资源的掠夺。"污染下乡"的另一面是"绿化进城",城市为改善环境质量,一边叫停重大污染企业,一边通过"大树进城""草皮进城"等绿化资源的索取抢夺农村生态资源。一方面,绿化进城本身是对社会资源的浪费,为了提高进城大树的成活率,大树一般要先进行"断头去枝"和"斩根除须"的处理之后变成"断头树"或"骨架树"才被移植,移植后经过几年的严格护理才能恢复原有的树冠。移植过程中有很多由于气候土壤不适应而死亡或失去自我生长能力,造成生态价值的严重流失。草地和大树等绿化资源能储水保土防风固沙,在农村有重大的生态价值,这些大树和草皮的培养中已经消耗了大量的农村资源,移植后严重破坏了原有生态结构和农村物质能量的循环,造成农村生态退化。另一方面,成熟的树木在农村还具有重要的文化价值,驻守村庄多年的老树是传统文化传播的重要载体,在农民的代际传承中具有重要意义。老树和植被的突然消失让农村文化失去了依托,不利于农村传统文化价值的传承。绿地进城给农村带来严重的生态损失,降低农村的污染承载能力,是牺牲农村的绿水青山换取城市的蓝天白云,是牺牲了农业的发展空间去提高城市的环境质量,加剧了农村污染的危害,造成了全国整体环境利益的损失。绿化资源的流失使农村生态愈加脆弱,更无力抵抗环境污染,"污染下乡"和"绿化进城"的双重作用加重了农村的生态危机。污染转移和资源掠夺加剧了城乡贫富差距,激化社会矛盾,不利于城市和农村协调发展。

第五章 中国农村生态环境问题的行为选择分析

利益格局的演变外在表现于各级经济主体最大化自身利益诉求时的行为选择，家庭、企业和政府在追求利益最大化过程中的消费、生产和监督行为使经济发展出现异化现象。粗放经济增长方式中家庭不合理的消费习惯导致消费异化，企业高污染的生产方式导致生产异化，地方政府管理不当导致发展异化。各级经济主体未主动选择环保行为是造成农村生态环境的根本原因。

第一节 政府的行为选择分析

中国经济是政府主导型经济，政府既是地方经济发展中的运动员，又是协调市场供给与需求的裁判员。中央政府作为整体经济运行的管理者，统筹安排，力图实现城市和乡村、经济和环境的平衡发展。然而地方政府是区域经济真正的管理者和服务者，地方政府对城市利益和农村利益的偏好决定了发展资源在两大区域之间的分配以及在经济发展和环境保护中的取舍。上下级政府之间的利益分化和横向的府际竞争导致地方政府对农村生态环境治理的动力不足，加剧了农村地区的环境污染。

一 上下级政府的利益分化造成环境不公

上下级地方政府之间利益目标的不一致造成污染在农村的集中。中央政府代表全体人民的公众利益，为体现人民群众日益增长的环境需求，通过制定行业标准、加强监管等方式营造了高环保要求的制度环境。代表集体利益的中央政府统筹城乡利益，积极推进城乡一体化建设，并没有特别的城市主义倾向。然而随着改革开放的进一步深入，中央政府的权利不断下放，地方政府成为区域内经济的主要管理者和控制者。这种政治和经济的分权造成中央政府将环境治理的责任和义务下放，周黎安（2014）认为中国政府的"行政发包制"管理方式让中央政府把溢出效应比较明显的环境保护等公共服务都发包给了地方政府，导致中央政府在其中的出资比例过低。而地方政府的目标是区域利益最大化，基于自身的经济基础和环境承载能力，对于中央政府的决策"选择性执行"，农村地区经济落后，难于监督和管理，更容易被选择性忽略。地方政策执行人的道德激励和纪律惩戒不足导致地方政府在环境政策的执行中出现偏差（冉冉，2015）。尤其是在资源有限的情况下，地方政府为在短期政治锦标赛中胜出，只能优先发展城市工业，让"一部分人先富起来"，这种观念在每一代政府官员中传递，造成城市对农村长期的经济剥削和环境剥削。资源向城市集中，污染向农村转移是中央政府与地方政府的利益目标分化所致，也是上下级政府博弈的结果。

政治激励中严厉的生态指标加剧了污染向农村的转移。中国自上而下的"压力型体制"造成了县级政府设置经济发展的"硬指标"并用"一票否决"的方式对下级施加压力，这一体制本身就不利于地方政府对环境的有效治理。随着越来越多的省份将生态环境纳入政绩考核，部分城市甚至采取严厉的生态一票否决制，政府官员为实现任期内的政绩必须在经济发展和生态环境中寻找平衡。然而关停污染企业必然会带来生产总值下降和就业减少的压力，在现有环境标准下，下级政府为保证辖区内的经济总量支持污染企业向农村和郊外的转移，表面上看既解决了地区生产总值减少的风险，又完成了上级政府的环保要求。企业的转移意味着污染的转移，是农村替城市承担了发展的代价。行政体制的条块分割也是加重农村环境问题的重要因素，生态重建和环境治理是需要多部门合作、各方联动的综合工程，政府部门各自为政的工作作风导致环保工作未能实现应有的效率。地方生态环境局在业务上受生态环境部和上一级生态环境部门的指导，但是在资金预算和人事任免等方面更多受到地方政府的实际管辖，这种双重管理模式不仅影响了地方环境治理的效率，更不利于落后地区的环境治理能力。城乡废弃物得不到有效控制，然而"废品只是放错地方的资源"，通过循环生产和低碳改造就可以"使那些在原有形式上本来不能利用的物质，获得一种在新的生产中可以利用的形式"（马克思，1995）。

二 横向的府际竞争加剧了农村污染

地方政府官员晋升的政治锦标赛对地方政府之间的经济激励过度而对环境激励不足。横向奖励机制和问责机制的不健全是地方财政被财政收益最大化所支配的重要原因，地域临近的地方政府都不想环境保护的正向溢出效应被无偿占有，导致省区、市区、县区交界的地方环境问题突出（周黎安，2008），而这些交界地多位于农村。地方政府为在政绩竞争中获得优势，多采取重城市轻乡村的发展战略。城市有较高的工业化水平和更严重的环境问题，而农村发展落后且环境破坏相对较轻，将污染直接转移到看似环境承载能力更强的农村地区，表面上看不仅解决了迫切需要改善的城市环境问题，还减轻了亟待提高的农村经济压力。实际上，这种只关注短期效益的行为令人十分担忧，农村限于目前的经济发展水平污染相对较低，但并非污染承载能力强。农村经济结构单一、产业链短，再生产过程对水源、空气等自然条件依赖性更高，生态破坏的不可逆性更强，污染转移之后的危害更严重也更深远。农村自然资源和环境长期参与财富的创造，却没有参与价值分配，资源消耗得不到及时补偿，长期必然走向枯竭。农村生态环境的破坏不仅仅制约农民的生产和生活，也给整个人类的长期可持续发展带来挑战。

政府之间的政治竞争加快了城乡污染转移的进程。政治锦标赛要求地方政府环境治理更具有时效性，城市人口产业分布集中，环境治理的难度较低，短期效果更加显著，地方政府必然优先选择城市作为环境治理的着力点。城乡环境治理的优先次序和不同力度体现在污染监管的差异上，"城乡之间污染监管差异带来的城乡工业经济成本势差，是污染转移的一个永恒动力"（李方一等，2013）。另外，政府内部的部门竞争也为污染转移提供了渠道，高污染低利润企业在新的市场竞争中理应退出市场。然而"谁家的孩子都不愿被抱走"，政府部门之间的竞争制约了污染企业的退出机制。高污染企业多为资源或劳动密集型，对高成本且有外部性的清洁技术研发工作缺少积极性，在节能减排的压力下，不能有效治污只能迅速移污。地方政府在政治锦标赛中的竞争还表现在区域保护和市场分割上，它削弱了区域合作的积极性，造成了严重的市场分割和地方保护主义，各地均形成了小而全的经济发展模式。马克思指出，"差异性和……多样性，形成社会分工的自然基础……自然环境的变化，促使他们自己的需要、能力、劳动资料和劳动方式趋于多样化"（马克思，2004），各地不能发挥资源禀赋优势，争相引进增值快产值高的优势产业，造成经济资源和环境资源的浪费，而农村作为资源匮乏地区又一次被忽视了。生态环境作为一种外部性强的公共产品，其保护和修复过程需要地方政府消除市场壁垒，促进劳动力、资本和自然资源的流动，加强地方之间的纵向联合与横向联合，积极参与全国经济的绿色转型，形成城乡联动的环境治理体系。

三 地方政府管理不当导致了发展异化

政府是市场经济的调控者，是经济发展的主导力量，政府的行为选择直接决定了经济发展的方式和经济增长的质量。作为经济活动的参与者，地方政府的采购和投资行为对发展方式有直接影响。各级地方政府是社会主义市场经济的重要活动主体，其采购行为是落实财政政策的重要手段。政府采购不仅直接影响市场需求和供给，也会对微观经济主体的消费行为有一定的导向作用，从而间接地改变市场需求结构。20世纪90年代政府对电脑的集中采购就带动了计算机产业的迅猛发展。受各级政府对发展理念的影响，我国政府对环境产品的采购不足，而个体经济人的环境认知力和影响力更加欠缺，进而造成发展只是物质财富的增加，社会发展和自然环境落后于经济增长，发展并不是为了实现人的全面自由发展，导致发展异化。政府的投资行为本来是对市场失灵的补充，主要是为了提供更多的公共服务，在资本稀缺和财政分权的压力下，政府投资依然是在有利于经济增长的领域，不能实现对自然环境的足额补偿。政府在采购行为和投资行为中的政策失灵造成经济社会环境发展的不平衡，导致地方经济发展的异化。作为公共事务的主要管理者，政府在发展中对经济指标的特殊偏爱是经济社会不平衡发展的重要原因。优先发展经济是基于当代世情国情下的伟大抉择，为中华民族的复兴奠定了物质基础，然而这种经济增长也带来了经济社会环境发展不平衡的负面效应，粗放的经济增长方式对资源环境的损耗超出了自然本身的自我恢复和再生产能力。地方政府对经济的管理方式不当导致短期经济发展损害了长期发展的基础，造成发展异化。

第二节 企业的行为选择分析

企业是造成工业污染的主要微观经济主体，企业的行为选择直接决定了环境污染程度。企业对利润的盲目追逐造成生产要素的浪费和大量剩余产品，引致生产异化；城市日渐提高的环境标准和人力成本挤出了高消耗高污染的生产企业，迫使生产基地向农村转移，造成城市污染向农村的显性转移；乡镇企业立足乡村，依靠农村较低的环境标准和劳动力成本优势获得最初的生产积累，乡镇企业将清洁产品输送到城市，生产过程中的废水废气和固体废物却留在了农村，造成污染在城乡之间的隐形转移。

一 企业对利润的盲目追逐引致生产异化

逐利是资本的本性，也是企业生产的主要目的，"对资本来说，任何一个对象本身所具有的唯一的有用性，只能是资本保存和增大"（马克思，1995）。资本家被追逐利润的欲望奴役，推动生产在越来越大的规模上进行，生产的目的不是满足市场需求，导致了生产异化，这种异化抹杀了人真正的社会需要，表现出一种非人的力量统治一切，驱使生产向更大的规模发展。然而所有物质资料的生产都基于资源稀缺性的前提，生产要素的使用具有排他性，过剩的生产占用了大量资源，必然会制约经济发展和社会进步。人力劳动和自然力的生产被异化为利润的再生产和资本增值，造成了人类社会生产体系与自然界生产体系的分离。生产被利润导向所驱使，不能甄别市场真正的需求，造成产品积压和资金断流，这不仅是对经济资源的挥霍和浪费，更是对自然资源的虚耗和践踏。

改革开放以来，中国仅仅用了十多年的时间就告别了短缺经济，进入快速发展时期。20世纪90年代，在全球化快速发展的背景下，中国企业开始走向世界，中国制造的产品冲击全球。中国企业的这种规模扩张并不是建立在市场需求的基础上，而是基于国内廉价的劳动力和生产资料，在世界市场上取得了竞争优势。然而忽略市场需求，只为获得利润而盲目地扩大生产正是导致产能过剩的主要原因，过剩产能不仅浪费了大量资源，也破坏了生态环境。过剩的产品不能实现市场交换，未经售出商品的使用价值也付之东流，这些商品生产过程中的资源和能源消耗得不到有效的经济价值补偿，是对生产要素和生态资源的浪费，阻碍经济社会的长期可持续发展。产品在生产过程中本来就是对自然物质和能量的转化，工业对无机物的加工过程又不可避免地会产生污染，未被消费的产品被人们废弃，对环境造成二次污染。过剩产能在生产中表现出对生态资源的消耗，产品的直接废弃又加重了生态环境的负担，是造成资源枯竭和环境恶化的重要原因。利润扩张的另一途径是技术进步，传统技术作为人类开发自然、改造自然的手段，本身就具有反自然的性质。况且传统技术本身有可能是不安全甚至不可靠的，如切尔诺贝利事件和日本福岛的核泄漏事件均给生态环境造成不可估量的损失。企业基于对利润的渴求弱视甚至忽视环境风险，同时生产了不清洁的产品和污染的环境。

二 企业生产基地的转移和扩张污染农村

城市日益提高的经济成本和环境标准挤走了落后的生产企业。成本控制是企业保证利润的重要手段，城市经济发展的速度和水平拉高了企业的生产成本，缺少竞争优势的落后企业难以为继，只能向外转移。城镇化的推进和城市建设也拉高城市的工资水平和土地价格，将落后企业本来就薄弱的利润空间又进行一次压缩。人口和资源向城市不断集中，增加了城市土地单位面积的产值，土地的增值带动了消费资料价格水平的上涨，劳动力价格也随之上升。落后企业多为劳动密集型产业，对生产资料和劳动力的依赖性较高，工资和物价的上涨严重削弱了企业的可得利润。高消耗高污染的落后企业不能在城市获得足额利润，只能将生产基地向外转移。而落后企业落后的一个重要原因就是生产资料投入高、生产过程消耗大、产品制造污染多，这种高投入高消耗高污染的企业治污能力不足，正是破坏城市环境的始作俑者。随着城市居民需求结构的升级，人们对环境质量的要求越来越高，对企业废水、废气和固体废物排放的容忍度也越来越低。市民自发自愿地参与到对企业排污的监督和谴责中，迫使政府和行业组织不断提高企业生产的环境标准。企业要达到新的环境标准，需改进生产流程，购入治污设备，升级生产工艺，生产成本的大幅提高将进一步压缩企业利润空间。企业不能治污只能移污，农村成为夕阳产业最后的栖息地。污染企业从城市向农村的转移，只是将农村作为次级的工业加工场，是传统生产方式的扩散，落后的生产效率根本不能和城市企业形成有效竞争，不利于组织创新和技术进步。污染企业将清洁技术弃之不用，只是通过寻求更低的内在环境成本获得利润，也有悖于技术进步和产业升级，不利于经济结构转型，是经济社会的一种倒退。

农村的成本优势和发展需求吸引了污染企业，加速了污染企业向农村的迁移，污染迁移就是地区环境经济成本差异诱导的一种表现（曹东，1999）。农村相对较低的治污成本、劳动力成本和日渐下降的交通成本是吸引污染企业从城市转移到农村的主要动力。首先，农村较低的环保标准降低了企业的治污成本。城市对环境质量的高要求反映为环保的高标准，进而挤出了污染企业。长期落后的农村期待发展，对产业的迫切需求使其不能准确估计环境价值，排污标准相对较低。城市和农村治污成本的差别诱使污染从城市转移到农村。其次，农村廉价的劳动力能减少企业的要素成本。根据全国第二次农业普查数据计算，农村依然有很多剩余劳动力，其供给价格远低于城市，为转移到农村的企业降低生产成本提供了空间。另外，农村日渐完善的交通降低了企业的运输成本。随着新农村建设的发展，农村交通条件日渐改善，九成以上的乡村都修通了公路，大大降低了企业的转移成本和运输成本。对于低端加工业来说，生产材料的供应地就在农村，企业下乡压缩了原材料的运输成本。可见，对于高污染、低端加工业来说，将生产场地转移到农村有利于其经济利益的实现。污染企业的下乡过程必然直接带动污染从城市向农村转移，加剧农村生态环境压力。

三 乡镇企业实现了污染的隐形转移

乡镇企业在农村发展中发挥了重大作用，不仅为农村生产总值的增长做出巨大贡献，而且促进了农村劳动力的非农就业，乡镇企业一度被认为是带动农村就地城镇化的主要力量。乡镇企业在缩小城乡差距方面也有不可磨灭的贡献，工业长期以来在城市聚集，农村主要靠农业生产实现自身发展，两种生产方式的差异导致了经济的二元结构。乡镇企业为农村生产注入了新的活力，"乡镇企业发展，必将促进集镇的发展，加快农村的经济文化中心的建设，有利于实现农民离土不离乡，避免农民涌进城市"（严如平，2015）。乡镇企业带来增长奇迹的同时也给农村环境带来沉重负担，进驻农村的乡镇企业大多资源利用效率低下，而农村对环境影响的监管不足和排污本身的外部性导致了乡镇企业的污染水平高于工业企业的平均水平。全国工业废气和固体废物排放量中一半以上源自乡镇企业，分别在排放总量中占 50.3%、88.7%。乡镇企业工业废水排放量也占到排放总量的 21.0%。且污染物排放的增速快于全国平均水平，主要污染物占全国工业污染物排放量的比例逐渐上升（见表 5-1）。

表 5-1　　　　　　　　　乡镇企业污染物排放

工业废气方面	工业废水方面	固体废物方面
全国乡镇企业工业烟尘排放量为 849.5 万吨，占排放总量的 50.3%；工业粉尘排放量 1325.3 万吨，占排放总量的 67.5%；二氧化硫排放量 441.1 万吨，占排放总量的 23.9%。同第一次乡镇工业普查污染源相比，烟尘排放增加了 56%，工业粉尘排放量增加了 18.2%，二氧化硫排放量增加了 23%	全国乡镇企业工业废水排放量占排放总量的 21.0%，为 59.1 亿吨，废水中化学需氧量排放量占排放总量的 44.3%，为 6113 万吨。同第一次乡镇工业普查污染源相比，废水中化学需氧量增加 24.6%；工业废水排放量增加了 12.1%	全国乡镇企业工业固体废物排放量 1.8 亿吨，占排放总量的 88.7%；全国乡镇企业工业固体废物产生量 3.8 亿吨，占产生总量的 37.3%。同第一次乡镇工业普查污染源相比，工业固体废物产生量增加了 39.6%，工业固体废物排放量增加了 55.2%

资料来源：汤鹏：《中国乡镇企业的变迁》，北京理工大学出版社 2013 年版，第 11 页。

乡镇企业是城乡之间污染的一次大转移。基于历史的原因我国乡镇企业大多从事传统工业，多为高耗能高投入的方式，工艺流程简单，生产方式粗放，给农村经济带来严重污染。随着工业现代化进程的发展，乡镇企业的市场竞争力日渐下降，企业为保证自身经济利益更不愿意承担污染治理的高额成本。乡镇企业布局分散，集中管理的可行性较低，资金和技术缺位更加剧了乡镇企业的污染治理难度，且乡镇企业地处偏僻，农户环保意识欠缺，环境问题维权的渠道不畅，对乡镇企业污染状况的监管不足，乡镇企业的污染水平一直居高不下，已经成为导致农村环境状况恶化的最突出原因（李文强、刘文荣、马小明，2005）。乡镇企业产品的销售和流通主要还是在城市，为了获得产品的竞争优势，乡镇企业不断提高产品质量和产品清洁度，把生产的清洁产品输送到城市，而生产过程中的污染却留在了农村，从而形成了"污染下乡，产品进城"的局面（中国科学院国情分析研究小组，1996），造成城乡之间隐形的污染转移。隐形的污染转移不易被察觉，对农村生产和农民生活的影响更深远，危害也更大。

第三节　家庭的行为选择分析

家庭作为微观经济主体，其行为选择内含了加剧农村环境问题的可能性。城乡家庭对物质产品的追求使消费从满足人类需求的手段异化为活动的目的，异化的消费错误地传达了需求信号，导致市场供给更多的剩余产品，造成资源浪费和环境污染；城市居民不健康的生活方式和对环境产品的需要是造成城市污染转移到农村的重要原因；农村无力抗拒生产要素的出逃，农业缓慢的发展速度和农民落后的收入水平又限制了其对生产品和生活品的购买能力，落后产品本身具有的高污染属性加剧了农村的生态环境负担。

一　城乡家庭对物质消费的无限追求致使消费异化

消费产品和服务是家庭获取并占有个人利益的重要手段。改革开放以来，社会主义生产力逐步得到解放和发展，而市场经济的建设还不够完善，这种交换手段落后于生产能力的发展现实造成市场信号的扭曲，产生大量的产品剩余。商家为实现资金流转投入巨额经费进行宣传诱导，迫使家庭消费目的变成对剩余商品的消耗，消费成为人类活动的目的而不是满足人类需要的手段。这种异化了的消费反作用于人的发展，而且已经变成主导力量影响人的全面自由发展，这种虚假的需求使消费变成一种竞赛，人们被占有物质财富的欲望所驱使，使消费从社会再生产的一个环节变成了拉动经济增长的一驾马车。根据国家统计局的数据计算，2011年以来我国消费每年对国民生产总值增长的贡献率均高于50%，2016年甚至高达64.6%，远远超过投资和净出口，成为拉动经济增长的主要力量。这种异化的消费建立在生产力快速发展的基础上，同时也为生产力的快速发展提供了动力，城乡家庭以消耗剩余产品为目的的消费不仅造成了市场需求旺盛的假象，而且人们为了支撑这种异化的消费必须获得更多的收入，进而引发了劳动力市场的繁荣，为剩余产品的生产提供了可能。人们消费的目的偏离了个人真实需要，更多是为了满足占有和攀比的心理需求，进而导致奢侈品市场的急速发展。人们被占有产品的欲望所奴役造成了消费的异化，而这种异化的消费错误传达市场信号，破坏了市场在资源配置中的传导机制，阻碍社会主义市场经济的进一步发展。

异化消费引致资源错配，进而造成了生产资料的巨大浪费，伴随而来的是更多的产品剩余和环境污染。在永无止境的对物质财富的追求中，人们忽视自然环境和其他社会成员的利益诉求，不断从自然环境中索取资源，无限度、掠夺式地对自然进行开发，不仅造成严重的生态破坏和资源枯竭，而且高投入高消耗必然带来高污染，给自然造成更严重的环境负担。人们利用生态环境进行价值创造，却没有给予适当的利益补偿，这种环境风险的长期孕育必然会引发生态危机，制约人类的长期可持续发展。根据美国生态学家布朗（2006）的计算，假若中国每个家庭拥有一辆汽车，那么中国每天就需要8000万桶石油（远超过目前全世界的日产量），同时配套的道路和停车场面积需要1600万公顷土地，相当于中国稻田面积的一半。早在1992年里约热内卢召开的联合国环境与发展大会就明确提出：所有国家均应全力促进建立可持续的消费形态。只有引导人们从追求消费数量转移到消费质量上来，用绿化消费代替异化消费，使消费真正成为人全面自由发展的手段，从而以消费带动生产，拉动经济社会全面实现绿色转型。

二 城市居民的生活方式和环境需求造成污染转移

随着城市经济的不断发展，市民的生活水平逐渐提高，人们不再满足于物质产品的消费，环境需求和精神需求逐渐被唤醒。正如莱斯在《满足的极限》中写的那样，人们逐渐认识到：我们所创造出的富裕只是一种欺骗，物质上的满足只是经济上的幸福，是部分的、过去的满足。需求结构的升级给农业生产带来更大的波动，因为"消费品的需求一有轻微变动，就可以引起对初级货物需求的剧烈波动……农业是一种初级生产事业，就发达的经济社会而言，是离消费领域最远的生产阶段"（张培刚，1984）。城市人口的增加和需求结构改变冲击了农业原本的生产结构，人们对农副产品的消费需要日益提高，倒逼农村养殖业和经济作物种植的扩张。为达到人们对蔬菜、水果、水产品的反季节需求，农民只能依靠大棚等人工条件制造生产条件，而这种人工自然的创造正是诱发农村污染的重要原因。人工种植和养殖基地的建设中需要投入大量的塑料薄膜来隔绝外界环境，塑料制品不易降解且不能重复利用，使用过的塑料产品得不到有效处理，造成农村大量的白色污染，给农村的生态环境带来新的挑战。

城市居民日益增长的环境需求加剧了城市对农村的环境剥削。城市需求结构的升级带来更直接的影响是对环境产品的需求，"今天从各种形态的生产活动和各种形态的人与自然的关系中发现的各种能满足虽然正受到压制，但却远比物质财富的任何新的组合形式更有效地贡献于我们的需要"（祖田修，2003）。受人口密度和生产方式的限制，城市没有能力满足市民的绿色消费需求，只能通过与农村的产品交换缓解这一矛盾。城市一方面通过绿化产品购进的方式转移了农村的环境容量，剥夺了农村的生态环境资源；另一方面还把污染的副产品输送到农村，加重了农村污染。城市市民垃圾分类的意识不足，垃圾处理设施和技术的缺位造成大量城市生活垃圾不能得到无害化处理，转移到近郊农村之后威胁农户生命健康和生产环境。资源输出和污染输入的双重环境压力，再加上农户对环境需求的认知不足以及农村落后的基础设施，造成农村生态环境的进一步恶化。农村生态环境的恶化直接影响农产品质量，而"食物的生产是直接生产者的生存和一切生产的首要条件"（马克思，1973），农产品生产环境的破坏必然会通过食物的流通威胁到整个国家劳动力的再生产，给城乡人力资本的存量和增量造成威胁。

三　农户的消费能力和要素出逃加剧农村环境污染

农村生产要素的出逃造成了生产的资源替代，进而引发了农业的面源污染。城市在二元经济结构中的优势地位决定了其对生产要素天然的吸引力，社会主义市场经济的建设和完善加快了城乡之间的要素和产品交换。城市基于自身的平台优势和集聚效应，提供了比农村更高的要素回报率和工资水平，拉动了人口、土地等优质生产要素向城市的转移。留守在农村的老人、儿童和妇女劳动能力和创新能力也相对较低，而且继续进行农业生产的土地大多没有区位优势，优质生产要素的出逃损害了农村发展的基础，造成农村经济落后。正是这种经济发展落后的现实造成农民对经济利益的迫切需求和对环境利益的相对轻视，农民为追求农业产量增长而过量投入化肥、农药和薄膜等石油产品，而在此过程中造成的环境危害被选择性忽略了。我国在7%

的世界耕地上施用了世界超过30%的化肥，单位面积的化肥施用量是美国的3倍还多，使用量远远超过农业生产的需求。过剩的石油产品不能被作物吸收，污染了农业生产的土壤、水源和空气，不仅直接危害农民的身体健康、降低农业生产的效率，而且堆积的有害物质通过农作物的新陈代谢传递到农产品中，危及全体国民的生命安全。石油农业还破坏了农村原有的生态循环系统，传统农民将生产和生活垃圾集中发酵处理形成农家肥从而提高耕地的再生产能力，而这种精耕细作需要大量的劳动投入，留守在农村的劳动力无力承担，只能通过化肥对农家肥的替代继续农业生产。同时，留守农村劳动力质量的下降也直接限制了农村人居环境治理的能力，是农村生态破坏和环境污染一直未能改善的重要原因。

农民的消费能力内含了高污染的可能性。消费能力取决于家庭收入水平，农村常住居民的人均可支配收入长期落后于城市，农村常住居民的人均可支配收入甚至都不到城市的一半（如图5-1所示）。"农民作为消费者，为消费目的而购买工业品的能力，取决于收入的大小和增长率"（张培刚，2002），收入水平过低直接限制了农村的消费能力。农村家庭缺少购买优质产品的经济能力，只能退而求其次选择低劣的工业产品来满足生活需求。这些工业品工艺简单、加工粗糙，本身就包含污染，再加上质量不高、使用寿命过短，被废弃的数量和速度都居高不下，而农村垃圾处理的配套建设供给缺位，农民只有自行焚烧或直接倾倒，加重了农村的环境负担。农村的物质消费数量与废弃数量正相关，而且这些废弃物制作材料多为合成无机物，不易分化降解，生活垃圾的不断累积已经成为制约农村发展的重要因素。"农民作为生产者，为生产目的而购买工业品的能力，取决于农业生产方式的改进和增长的方式与速度"（张培刚，2002）。众所周知，我国农业的发展速度远落后于工业和服务业，农户在从生产过程中得不到足够的经济价值补偿，缺少治理土壤和改善水源的资本投入，也没有意愿追加资本治理和改善生产环境。因此，农户的收入水平限制了其消费能力，造成低劣产品的泛滥和废弃物的堆积；农业生产方式和增长速度的落后限定了农民生产投入的积极性，又造成农村生产环境治理的动力不足和资金缺乏。

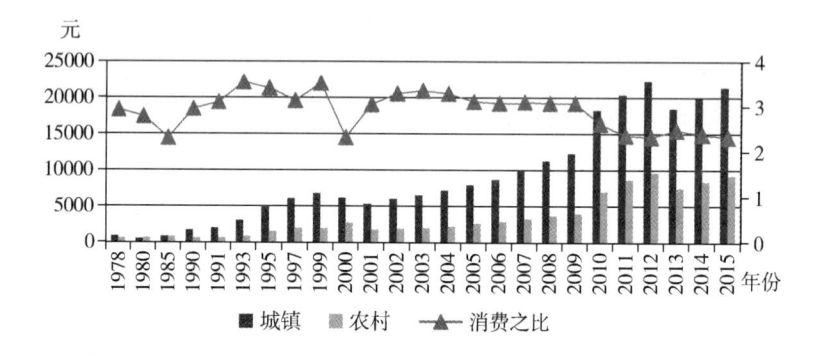

图 5-1 城镇和农村居民的人均消费情况

第六章 中国农村生态环境问题的制度安排分析

制度内生于经济发展的全过程，主体行为只能在制度安排的范围内进行选择和调整。因此完善的生态环境制度安排是绿色发展的前提和保障，农村经济绿色转型的关键在于建立起与其相适应的制度体系。构建全面系统的制度体系，才能将环境治理理念转化为一般性的行为准则和制度规范，引导人们选择绿色的生产方式和生活方式。而我国农村生态环境现行的正式制度、非正式制度以及实施机制均不够完善，妨碍了农村生态环境的治理和农业经济的绿色转型。

第一节 制度对农村生态环境保护的作用

"制度是一个社会的博弈规则，或者更规范地说，它们是一些人为设计的、型塑人们互动关系的约束。从而，制度构造了人们在政治、社会或经济领域里交换的激励。制度变迁决定人类历史中的社会演化方式，因而是理解历史变迁的关键。"（诺斯，2016）生态环境作为公共品，在消费上具有非竞争和非排他的属性，需要通过制度规范经济主体行为以保障其开发利用的行为。农村作为生态环境的重要供给地，更需要完善的制度体系来保障生态保护和环境治理过程。

一 正式制度对经济主体行为的硬约束

正式规则包括政治（或司法）规则、经济规则和契约（诺斯，2016），这种正式规则在经济学中一般被认为是正式制度，正式的法律与产权为生活和经济提供了秩序，环境法律和相关的行政政策规定行为选择的集合，进而规范主体选择，并对超出规则范围的行为予以一定的惩罚，正式制度的供给不足是引发社会问题的重要原因。

正式制度规定了人们行为选择的集合。个人在环境行为中的选择有很多种，但是被正式制度规定在内的行为组合却是有限的，人们在这种被限定的集合内选择行动，集体行动的后果就会被控制在一定的范围内，经济社会的运行才会有秩序。各区域农村地理和气候条件悬殊，农民对土地的开发利用方式也不尽相同，需要正式制度对农户行为进行界定以保障整体农村经济环境的持续发展。正式的环境制度通过国家机器保障贯彻实施，具有强制性特征，所有不符合正式制度要求的行为选择都是要付出代价的。正式制度对规则外行为的政治或经济处罚会引导经济主体的行为选择，因为利益是正式制度的函数，只有建立在制度范围内的利益才是合理的、有可能被实现的，企业和家庭违反正式规则的所有行为都会受到经济甚至是政治的严厉处罚。正式制度的强制性决定了其威慑力，是克服环境的外部性和公共性特征的有力措施，因此逐步建立和完善环境的正式制度是生态保护和环境治理的有效途径。

环境制度的真空造成了农村生态环境问题。正式制度一旦形成就具有自我强化的功能，转型社会中的经济基础日新月异，不断强化的旧社会制度就会成为经济发展的桎梏。正式制度需要随着经济社会的发展而不断演变以适应时代需要,"正是对制度的突破才使中国在19世纪早期成为世界上最富的国家"(傅军,2014)。中国改革开放的进程突飞猛进,旧的正式制度不能满足社会发展的需要已被废除,新的制度还未建立和完善,这种制度的真空是社会问题频发的重要原因。作为社会主义制度为基础的发展中大国,我国经济发展的特殊性决定了不能直接移植国外发达国家的成功经验,不考虑经济发展的本土化特征直接借鉴国外经验,只会造成正式制度的水土不服进而引发更大的社会问题。环境问题的严重性是20世纪80年代才被人们认识到,中国作为最早制定正式环境制度的国家之一不可谓不重视环境问题,只是改革开放后中国社会生产力发展速度太快,环境制度的变革就相对落后了,而农村作为制度建设的盲区,对环境规则的制定就更加匮乏。环境制度供给的短缺不能有效约束城乡居民的行为选择,是造成农村面源污染和城乡污染转移的重要原因。

二 非正式制度对经济主体行为的软约束

非正式制度是指人们在长期的社会生活中逐步形成的习惯习俗、伦理道德、文化传统、价值观念及意识形态等对人们行为产生非正式约束的规则,是那些对人的行为的不成文的限制,是与法律等正式制度相对的概念(卢现祥,2004)。农村作为正式制度的盲区,人们在外部的社会交往中更多的是受到非正式制度的引导和约束,非正式制度对农村的影响具有广泛性和普遍性。

非正式制度对农户行为的制约更具有广泛性和稳定性。非正式制度尽管难以度量,但在经济社会中的作用却是十分重要的,诺斯在其代表作《制度、制度变迁与经济绩效》中强调,"非正式约束本身就是重要的,而并非只是简单地作为正式规则的附庸"(诺斯,2016),

"即便是在那些最发达的经济体中,正式制度也只是型塑选择的约束的很小一部分"(诺斯,2016)。费孝通在《乡土中国》中甚至指出,"我们可以相信,以农为生的人,时代定居是常态,迁移是变态"(费孝通,2013),这种安土重迁的乡土社会,是一个由社会累积经验形成的传统世界。尤其是生态环境这种主要依赖自然禀赋的资源,短时间内几乎没有变化,在这种几乎不变的生存环境中,农户更依赖于祖辈的生产和生活经验,并且有意愿将其不断传承下去,这逐渐形成了一种稳定的社会传统。这种社会传统经过世代累积,就表现出了一种文化的特征,对农户行为形成一种"软约束",这种软约束在农村的影响远远超过了正式制度作用的范围,是约束农户行为选择的主要力量。尽管农村的封闭性在城镇化进程中受到了冲击,但是这种世代传承的内在约束力量依然植根于农民本能的行为选择中。因此,非正式制度作为"看不见的手",对农户行为选择在时间和空间上的影响更具有广泛性,且更不容易被改变。

非正式制度对农户行为选择的制约具有自发性和非强制性。不同于正式制度的"他律",非正式制度对主体行为的约束力更多来自"自律",团队文化对人类行为的选择集合有决定性作用,对于同样在农村的固定文化中成长起来的经济个体来说,其行为选择具有相当高的一致性。团体中个人行为的一致性是出于他们接受相同的价值观念。人类行为是被所接受的价值观念所推动的。在任何处境中,个人可能采取的行为很多,但是他所属的团体却准备下一套是非的标准,价值的观念,限制了个人行为上的选择(费孝通,2013)。人们对这种是非标准的自觉遵守就是经济个体行为自律的过程,这种过程被世代演绎,形成了标准和行为之间的固定映射。脱离这种映射的行为不仅不能参与团队协作,还会面临生存的危机。行为规范的目的是在配合人们的行为以完成社会的任务,社会的任务是在满足社会中各分子的生活需要。人们要满足需要必须相互合作，并且采取有效技术，向环境获取资源（费孝通，2013）。城镇化和工业化进程加快了分工的专业化和精细化，脱离团队的经济个体不能独立地向自然环境索取足够的资源，在经济社会发展中会被逐步淘汰。因此，非正式制度通过团队文化和相互协作促使经济个体自发地约束自身行为选择，在短期内具有非强制性。

正式制度和非正式制度相互补充，且具有相互强化的功能，共同制约农户的行为选择。正式制度具有强制性，但在长期具有不稳定性，非正式制度具有自发性，但在长期对经济主体的行为约束中更具有稳定性，二者相互补充，共同形成了均衡的制度体系。正式制度还能补充和强化非正式约束的有效性，非正式制度对经济主体的软约束造成经济行为的不恰当选择。非正式制度弥补和填充正式制度的漏洞和权限。而且正式制度和非正式制度一旦形成，就能在执行中相互强化，对人类行为选择形成更大的约束力。一种非正式制度一旦能够由正式制度进行强化或改变，人们在不断地遵守正式制度过程中，也就会逐步形成一种新的行为习惯、新的观念意识，以至新的传统。这样，通过积极有效的正式制度的规范和约束，就可以形成一种新的非正式制度，并反过来促进正式制度功能的有效发挥（罗能生，2002）。

三 实施机制是制度绩效得以发挥的关键

实施机制是一种社会组织或机构对违反制度的人做出相应惩罚或奖励，从而使这些约束或激励得以实施的条件和手段的总称（柳新元，2002）。配套的实施机制是制度实施效率能够实现的必要条件，也是制度发挥作用的关键。正确的制度安排未能发挥应有绩效的主要原因是缺乏有效的实施机制。一个社会不能发展出有效的、低成本的契约实施机制,乃是导致历史上的停滞以及当今第三世界不发达的重要原因(诺斯,2016)。

首先,制度的绩效得以实现的关键是完善的实施机制。现实社会中制度不能实现自我实施,必须由相应的实施机制保障其落实。博弈论的演化过程显示,只有在极其简化的条件下,当双方拥有完全的信息、博弈是无限延续且对手相同时,制度自我实施的合作解才能达到。而这种过强的假设条件在现实中显然是不存在的。诺斯认为只有在交易的双方相互都十分了解且存在重复交易的情况下制度才能实现自我实施,而在一个纯粹的非人际关系化的现实社会中"交换成年累月地发生,且不存在重复交易",制度的自我实施是不可能发生的。

其次,实施机制的缺位将给制度设计带来更严重的打击。对于社会化大生产中的经济体来说,有规则当然要好于没有规则,但是比没有规则更糟糕的是"有法不依"。得不到实施的制度安排形同虚设,一方面会影响制度的权威性和稳定性;另一方面会滋生蔑视制度的社会文化,破坏公众的信任机制,导致民众大量的制度外行为,民众在制度设计中支付了大量的制度成本却不能获得应有的制度绩效,被制度外行为二次伤害进一步加重了社会信息机制的崩塌。长此以往,法治的希望就越来越低,经济效率得到提高的可能性越来越低,社会将进入停滞甚至倒退状态。因此,制度化建设本身就包含着实施机制的完善,没有实施机制的政治制度、法律条文和规章制度只能是制度的纸质副本,不可能对经济效率和社会公平的改善发挥任何作用。

最后,制度安排的设计和实施都是通过人来实现的,在设计和实施中发挥关键作用的代理人是制度绩效得以保证的关键。制度实施中的执行者素质直接关系制度的实施效率。诺斯认为制度的实施机制永远是不完美的,这不仅是由于制度设计和实施中的成本决定的,更是因为制度实施的代理人在惩罚机制的实施过程中会考虑到自身的私人利益，这种包含私人利益的制度函数必然会影响其发挥的绩效。因此，一套有效的制度安排不仅会合理化其实施机制，更要对实施机制中的代理人给予正确的激励，对严格执行、秉公办事的代理人给予奖励，对贪赃枉法、中饱私囊的行为给予严厉制裁。

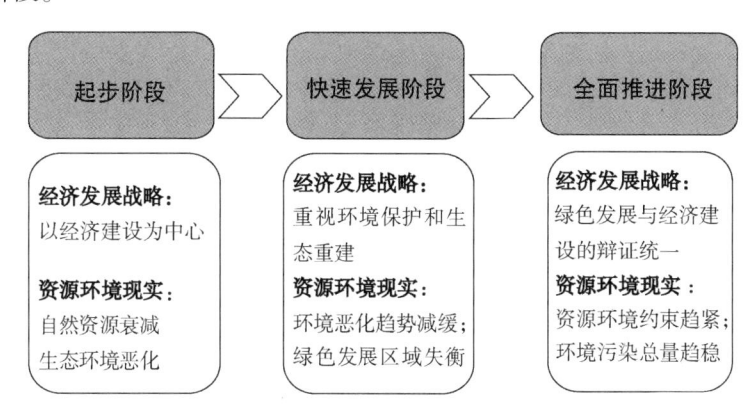

第二节 中国农村生态环境制度供给的历史演变

制度因素内生于经济发展方式转型的全过程，农村的生态环境制度根据不同阶段经济发展方式的需求而不断完善，由于非正式制度的演变缓慢且具有一定的滞后性，因此本节主要分析改革开放以来我国农村生态环境正式制度供给的时序演变路径。改革开放以来我国农村生态环境的制度供给经历了曲折的探索过程，根据不同的发展目标和发展特征（如图6-1所示），可以将其分为如下三个阶段：改革开放到1998年是农村生态环境制度供给起步阶段；1999年颁布了第一个针对农村环境保护的政策文件，标志着进入到农村生态环境制度供给的快速发展阶段；2013年至今是农村生态环境制度供给的全面推进阶段。

起步阶段 ▷ **快速发展阶段** ▷ **全面推进阶段**

经济发展战略：
以经济建设为中心

资源环境现实：
自然资源衰减
生态环境恶化

经济发展战略：
重视环境保护和生态重建

资源环境现实：
环境恶化趋势减缓；
绿色发展区域失衡

经济发展战略：
绿色发展与经济建设的辩证统一

资源环境现实：
资源环境约束趋紧；
环境污染总量趋稳

图6-1 中国农村生态环境制度供给的历史演变

一 中国农村生态环境制度建设起步阶段（1978—1998 年）

党的十一届三中全会通过了以经济建设为中心和实行改革开放的伟大决策，农村经济开始飞速发展，农村生态环境问题也逐渐显现，与之相关的各项制度开始建立。1977 年的第一次全国农业环境保护工作座谈会全面分析了农业环境保护工作的历史、现状和当时的主要任务，为农村生态环境的制度构建奠定了基础。1979 年是中国环境制度建设的元年，也是农村环境制度建设的元年，此后第二次全国环境保护会议将环境保护确定为基本国策，环境的制度化建设从此拉开序幕。颁布了中华人民共和国成立以来第一部关于环境保护的法制文件《环境保护法（试行）》，其中第二章和第三章内容中分别提到要改良土壤，绿化村庄，积极发展高效、低毒、低残留农药，首次将农村生态环境保护和治理提到法制高度，标志着农村生态环境制度建设正式启动。九条破坏生态环境的行为被写入刑法，随后第三次全国环境会议上确立了环境保护的三大政策和八项制度，我国环境保护的制度体系粗具雏形。20 世纪 90 年代提出环境保护的十大对策，先后修订三部法律、二十多件行政法规、二百多项环境标准。

起步阶段的农村环境制度建设具有明显的时代特征。第一，对农村环境制度的观照不足。党的十一届三中全会确定了以经济建设为中心的发展战略，鼓励农村重视粮食生产、发展乡镇企业，农村环境保护工作的优先级低于经济增长，在农村相关的法律法规和政府会议中，只有极个别的条款提到改善农村的土壤环境和水环境，制度建设的规范性和约束性不强。第二，缺少针对性的制度供给。这一时期农业的集约化生产和乡镇工业的发展才刚刚起步，生态破坏和环境污染的严重后果还没有显现出来，自然资源衰减和生态环境恶化的程度都比较低，环境问题虽然被提出但并未得到重视，与农村环境保护相关的制度安排散见于各项政策文件，缺少针对性的制度供给（见表6-1）。在1979年推出的《中华人民共和国环境保护法（试行）》关于防治污染和其他公害的条款中，只有一条"积极发展高效、低毒、低残留农药"与农村面源污染有关。第三，环境制度供给未成体系。探索阶段，才开始认识到环境问题的重要性，治理方案和对策研究刚刚起步，政策制定具有一定的试探性和开创性，农村环境制度的供给也缺少系统性和多元性。

表6-1 农村生态环境制度建设起步阶段的相关法律文件（1978—1998年）

时间	文件名	农村相关条款	农村相关内容
1979年9月	《中华人民共和国环境保护法（试行）》	第二章和第三章	改良土壤，严格管理和节约农业用水，绿化村庄，积极发展高效、低毒、低残留农药
1979年7月	《中华人民共和国刑法》	第六章第128条	非法采伐森林量刑
1984年	《关于加强乡镇、街道企业环境管理的规定》	第三、四、五条	乡镇、街道企业要根据本地资源情况，全面规划，合理安排，因地制宜地发展无污染或少污染行业。严禁将有毒、有害产品转嫁给没有防治污染能力的乡镇、街道企业生产
1986年6月	《中华人民共和国土地管理法》	第四章	占用耕地补偿制度、基本农田保护制度
1989年	《中华人民共和国环境保护法》	第二十条	各级人民政府应当加强对农业环境的保护，防治土壤污染、防治水土流失，合理使用化肥、农药及植物生长激素
1990年	《国务院关于进一步加强环境保护工作的决定》	第四条	农业部门必须加强对农业环境的保护和管理，控制农药、化肥、农膜对环境的污染
1991年	《中华人民共和国水土保持法》	第十四条、第十五条	禁止在二十五度以上陡坡开垦种植农作物；须经县级人民政府行政主管部门批准，才能开垦禁止开垦坡度以下、五度以上的荒坡地

续表

时间	文件名	农村相关条款	农村相关内容
1993 年	《中华人民共和国农业法》	第七章	自然资源利用、耕地保养、水土流失治理、义务植树、草原保护、退耕还林还草、渔业水域保护、生物物种资源保护、低毒低残留农药兽药使用、废水废气治理
1993 年	《村庄和集镇规划建设管理条例》	第九条	保护和改善生态环境，防治污染，加强村容镇貌、环境卫生建设
1995 年	《中华人民共和国固体废物污染环境防治法》	第十八条	使用农用薄膜的单位和个人，应当采取回收利用等措施，防止或者减少农用薄膜对环境的污染
1996 年	《国务院关于环境保护若干问题的决定》	第二条、第六条	大幅度提高乡镇企业处理污染能力，根本扭转乡镇企业对环境污染和生态破坏加剧的状况；发展生态农业，控制农药、化肥、农膜等对农田和水源的污染
1996 年	《中华人民共和国乡镇企业法》	第三十五条	积极发展无污染、少污染和低资源消耗的乡镇企业，切实防治环境污染和生态破坏，保护和改善环境
1997 年	《关于加强乡镇企业环境保护工作的规定》	第一条、第九条	实施污染物总量控制，削减东部地区乡镇企业污染总量；乡镇企业必须保护耕地和水源环境，特别要加强对生活饮用水源等水域的保护；造成生态环境破坏的，要限期进行治理和恢复
1997 年	《中华人民共和国农药管理条例》	第三十八条	处理废弃农药包装和其他含农药的废弃物等，必须严格遵守环境保护法律、法规的有关规定，防止污染环境
1997 年 11 月	《关于加强生态保护工作的意见》	第四条、第六条	提出"生态乡镇、村标准"农村生态保护目标责任制和农村生态环境综合定量考核，推进生态乡镇和生态村建设，加强对乡镇企业污染防治的监督力度
1998 年	《中共中央关于农业和农村工作若干重大问题的决定》	第五条	加快以水利为重点的农业基本建设，改善农业生态环境；控制农业不合理使用化肥、农药、农膜对土地和水资源造成的污染
1998 年	《基本农田保护条例》	第十九条、第二十五条、第二十六条	国家提倡和鼓励农业生产者对其经营的基本农田施用有机肥料；向基本农田保护区提供肥料和作为肥料的城市垃圾、污泥的，应当符合国家有关标准；造成或者可能造成基本农田环境污染事故的突发事件，当事人必须接受调查处理

注：根据公开文件整理。

二　中国农村生态环境制度建设快速发展阶段（1999—2012年）

20世纪末到党的十八大（1999年11月到2012年11月）是农村生态环境制度建设的快速发展时期。1999年11月发布实施的《关于加强农村生态环境保护工作的若干意见》，作为第一个专门针对农村环境保护的政策文件，标志着农村环境制度供给进入快速发展时期。值得关注的是，2005年，党中央将农业、农村、农民问题作为改革的重点领域，新年伊始，《中共中央国务院关于进一步加强农村工作提高农业综合生产能力若干政策的意见》首次作为中央一号文件出台，推行有机肥综合利用和无害化处理、推动改水改厕等农村环境卫生综合治理和加强农田水利和生态建设等一系列举措，将农村生态环境问题提到了前所未有的高度。2006年的中央一号文件依然集中于"三农"问题，提出"重点推广废弃物综合利用技术""加大力度防治农业面源污染""搞好农村污水、垃圾处理，改善农村环境卫生"，等等。农村的生态环境问题开始聚焦，农村生态保护和环境治理问题作为一项专门问题被研究并重视，而不仅仅是作为个别条款出现在生态保护和环境治理的法制文件中。环境保护部、财政部等相关部门开始探讨专门针对农村的环境治理方案和重点问题，推进农村环境治理和节能减排。

党的十七大提出了"全面协调可持续"的科学发展观，首次将生态文明建设提升为国家意志。随后，生态环境制度的相关法律法规进行了新一轮的密集修订，各地区也相继推出了专门针对农村生态环境保护的政策支持。2008年7月，国务院召开了第一次全国农村环境保护电视电话工作会议，提出"加强农村环境保护是建设生态文明的必然要求，改变农村环境问题是统筹城乡发展的重要任务，是改善和保障民生的迫切需要"。次年3月，环境保护部又召开了全国自然生态和农村环境保护工作会议，总结了环境工作进展，分析了存在的问题和面临的严峻形势并对当年的农村环境保护工作做出了具体部署。2010年6月，全国自然生态和农村环境保护工作视频会议，肯定了关于农村环境保护中"以奖促治"的工作思路，安排部署"十二五"全国自然生态与农村环境保护工作；2011年年底，环境保护部在重庆召开了全国农村环境连片整治工作现场会，要求深入推进农村环境综合整治，梳理了农村环境的新机遇和新要求。

快速发展时期的农村环境制度供给取得了有效推进，但也存在一定的问题。第一，各项文件密集出台（见表6-2），针对农村环境问题的制度供给进入快速发展的轨道。这段时期党中央相继出台了18部与之相关的政策文件，其中3部为专门针对农村环境保护的文件。除了1999年的代表性政策之外，2006年和2007年又相继出台了《国家农村小康环保行动计划》、《关于加强农村环境保护工作的意见》、《全国农村环境污染防治规划纲要（2007—2020年）》，将农村生态环境治理提到了新的高度。第二，环境保护的制度供给严重滞后于经济增长。进入21世纪，经济发展依然是我国社会主义建设的主题，虽然中央文件提到在经济发展中注意生态环境保护，但地方政府经济建设优先的现状并没有得到根本性改变。直到国务院在2005年年底提出在特定地区坚持环境保护优先，政府"重经济轻环境"的倾向才得到改善。第三，快速发展时期的环境制度具有明显的城市偏向。本阶段出台的政策文件中的城市和农村的环境保护规定严重失调，只是在个别的会议文件中提出了农村环境需要治理的意见，实际的法制文件中农村的相关条款远远少于城市。2002年推出的《中华人民共和国清洁生产促进法》只有一条"科学地使用化肥、农药、农用薄膜和饲料添加剂"与农业有关。

表6-2　农村生态环境制度建设快速发展阶段的相关法律文件梳理

（1999—2012年）

时间	文件名	农村相关条款	农村相关内容
1999年11月	《关于加强农村生态环境保护工作的若干意见》	第1—6部分	全面明确地提出了农村生态环境保护的目标与任务，对农村生态环境保护工作提出了具体要求
2000年11月	《全国生态环境保护纲要》	第十一、十二、十三、二十条	加大农业面源污染控制力度，鼓励畜禽粪便资源化，确保养殖废水达标排放，严格实行草场禁牧期、禁牧区和轮牧制度。加大生态示范区和生态农业县建设力度
2000年3月	《中华人民共和国水污染防治法实施细则》	第二十四条、第三十三条	对用于灌溉的水质及灌溉后的土壤、农产品进行定期监测，并采取相应措施，防止污染土壤、地下水和农产品。禁止在生活饮用水地下水源保护区内下列活动：利用污水灌溉；用含有毒污染物的污泥做肥料；使用剧毒和高残留农药；利用储水层空隙、裂隙溶洞及废弃矿坑储存石油、放射性物质、有毒化学品、农药等
2000年10月	《中华人民共和国渔业法》	第三十六条	各级人民政府应当采取措施，保护和改善渔业水域的生态环境，防治污染
2001年3月	《中华人民共和国国民经济和社会发展第十个五年计划纲要》	第十五章第二节	积极开展农村环境保护工作，防治不合理使用化肥、农药、农膜和超标污灌带来的化学污染及其他面源污染，保护农村饮用水水源
2001年	《畜禽养殖污染防治管理办法》	第四条、第八条、第十条、第十一条、第十三条、第十四条、第十五条	畜禽养殖污染防治实行综合利用优先，资源化、无害化和减量化的原则；畜禽废渣综合利用措施必须在畜禽养殖场投入运营的同时予以落实；畜禽养殖场排放污染物，不得超过国家或地方规定的排放标准，且应按国家标准缴纳排污费；畜禽养殖场必须设置畜禽废渣的储存设施和场所；应采取将畜禽废渣还田、生产沼气、制造有机肥料、制造再生饲料等方法进行综合利用；禁止向水体倾倒畜禽废渣

续表

时间	文件名	农村相关条款	农村相关内容
2001年	《国家环境保护"十五"计划》	第三节	保护农村饮用水源；防止农作物污染，确保农产品安全；控制规模化畜禽渔养殖业的污染；开展秸秆禁烧，促进综合利用；采取有效措施防止高消耗和高污染的落后工业向农村，尤其是西部农村地区转移
2002年10月	《中华人民共和国环境影响评价法》	第二章、第三章	确定了规划、建设项目的环境影响评价程序
2002年3月	《全国生态环境保护"十五"计划》	第三章第五条、第五章第三条	建设生态农业示范县、生态家园富民计划、促进种养业废物资源化、强化农用化学品环境安全管理、建立农产品安全保障体系、开展农村面源污染控制工程
2002年6月	《中华人民共和国清洁生产促进法》	第二十二条	农业生产者应当科学地使用化肥、农药、农用薄膜和饲料添加剂，改进种植和养殖技术，实现农产品的优质、无害和农业生产废物的资源化，防治农业环境污染
2002年	《中华人民共和国农业法（修订）》	第五十八条	农民和农业生产经营组织应当合理使用化肥、农药、农用薄膜，增加使用有机肥料，防止农用地的污染、破坏和地力衰退
2002年12月	《中华人民共和国草原法》	第六章	基本草原保护制度草原自然保护区制度禁止开垦草原、退耕还草和禁牧、休牧制度，草原防火防灾制度
2004年	《中华人民共和国固体废物污染环境防治法》	第十八条、第四十九条、第七十一条	使用农用薄膜的单位和个人，应当采取回收利用等措施，防止或者减少农用薄膜对环境的污染。从事畜禽规模养殖应当处置养殖过程中产生的畜禽粪便，防止污染环境。农村生活垃圾污染环境防治的具体办法，由地方性法规规定
2005年12月	《中共中央国务院关于推进社会主义新农村建设的若干意见》	第十条、第十五条、第十七条	加快发展循环农业，大力加强农田水利、耕地质量和生态建设，加强村庄规划和人居环境治理
2006年10月	《国家农村小康环保行动计划》	全部	开展村庄环境污染综合治理、加强工业企业污染防治、治理土壤污染与农村面源污染、保障农村饮用水环境安全、防治规模化畜禽养殖污染

续表

时间	文件名	农村相关条款	农村相关内容
2006 年	《中华人民共和国国民经济和社会发展第十一个五年规划纲要》	第六章第二节、第二十二章第五节	开展全国土壤污染现状调查，综合治理土壤污染。防治农药、化肥和农膜等面源污染，加强规模化养殖场污染治理。推进农村生活垃圾和污水处理，改善环境卫生和村容村貌。禁止工业固体废物、危险废物、城镇垃圾及其他污染物向农村转移。推进秸秆、农膜、禽畜粪便等循环利用
2007 年 5 月	《关于加强农村环境保护工作的意见》	全部	保护农村饮用水源地、治理农村生活污染、控制工业污染、防治养殖污染、控制面源污染、防治土壤污染、加强自然生态保护和环境监管
2007 年 12 月	《全国农村环境污染防治规划纲要（2007—2020 年）》	全部	重点领域和任务包括：农村饮用水源地污染防治、农村聚居区生活污染防治、农村地区工矿污染防治、畜禽和水产养殖污染防治、土壤污染防治和农村面源污染防治
2008 年 2 月	《中华人民共和国水污染防治法》	第四节	专设农业和农村水污染防治
2009 年 2 月	《关于实行"以奖促治"加快解决突出的农村环境问题的实施方案》	全部	明确实施范围、整治内容、实施程序和监督考核、组织领导方式
2009 年 12 月	《全国农村环境监测工作指导意见》	全部	部分地区开展农村环境监测、发布农村环境质量报告
2010 年 4 月	《关于深化"以奖促治"工作 促进农村生态文明建设的指导意见》	全部	着力抓好深化"以奖促治"的关键环节、建立健全深化"以奖促治"的体制机制
2010 年 7 月	《关于发布〈农药使用环境安全技术导则〉等两项国家环境保护标准的公告》	全部	首次规定了农药环境安全使用的原则、污染控制技术措施和管理措施等相关内容；首次规定了农村生活污染控制的技术要求
2010 年	《中华人民共和国水土保持法》（修订）	第三十六条	积极推广沼气，开展清洁小流域建设，严格控制化肥和农药的使用，减少水土流失引起的面源污染，保护饮用水水源

续表

时间	文件名	农村相关条款	农村相关内容
2011年	《关于进一步加强农村环境保护工作的意见》	全部	保护农村饮用水水源地、加强农村生活污水治理、加大农村生活垃圾处理力度、推进养殖污染防治、开展农村土壤保护
2012年6月	《全国农村环境综合整治"十二五"规划》	全部	对农村环境工作的总体要求和区域布局进行规划,主要任务包括:农村饮用水水源地保护、生活污水和垃圾处理、畜禽养殖污染防治、农村工矿污染防治、面源污染防治、生态示范建设

注:根据公开文件整理。

三 中国农村生态环境制度建设全面推进阶段(2013年至今)

党的十八大把生态文明建设纳入五位一体的总体布局,把环境保护上升到新的战略高度。2015年公布的《中共中央国务院关于加快推进生态文明建设的意见》中首次提出了绿色化概念,并将其定性为政治任务;党的十八届五中全会又提出"创新、协调、绿色、开放、共享"的新理念,开拓了当代中国马克思主义政治经济学研究的新境界。随后中央提出了促进生态建设和环境保护的总体改革方案,建立了二十二项新制度,完善补充了自然资源的产权制度,建立了一整套生态环境保护的制度体系。同时,建立了生态环境统计监测的网络体系,在互联网科技的基础上实现生态环境数据的开放和共享。农村的人居环境问题逐步得到重视,2013年10月习近平总书记对改善农村人居环境做出了重要批示,随后相继在浙江桐庐、广西恭城、贵州遵义召开了三次"全国改善农村人居环境"的工作会议,强调要加快推进农村人居环境整治、建设美丽宜居乡村,把农村环境治理与脱贫攻坚、发展特色产业相结合。

农村的人居环境和生产环境得到了重视,这一时期农村生态环境的法制建设也进入了全面推进阶段，这段时期的农村环境制度供给总体表现出以下特征。第一，针对农村生态保护和环境治理的法律法规逐步健全（见表6-3），农村环境制度供给体系逐渐形成。全面推进阶段农村环境保护的制度逐步完善，畜禽养殖、农药管理、土壤环境管理等方面完善了农业面源污染的制度供给；从环境连片整治、村镇生活污染防治等方面对农村居住环境整治的方法和技术手段给出了具体的指导意见。第二，在农村环境保护工作的手段中不断创新，其法制建设主要以激励性政策为主，约束性政策为辅，由"以奖促治"到"以考促治"，又出现了"以创促治""以减促治"，逐渐形成了四轮驱动的系统性农村环境保护模式。第三，随着互联网技术的普及，环境保护技术标准、环境保护的技术方案不断出台，引导农村用更合理的手段和更科学的方式进行环境治理和生态保护。值得指出的是，这一时期生态环境制度建设的城市偏向性逐渐变弱，农村人居环境和生产条件的改善在相关法律条款中占比有所提高。

表6-3　农村生态环境制度建设全面推进阶段的相关法律文件梳理（2013年至今）

时间	文件	主要内容
2013年1月	《2013年全国自然生态和农村环境保护工作要点》	强化"以奖促治""以考促治""以创促治""以减促治"的四轮驱动，启动土壤环境保护工程
2013年	《全国农村环境连片整治工作指南（试行）》、《农村饮用水水源地环境保护技术指南》、《村镇生活污染防治最佳可行技术指南（试行）》、《规模畜禽养殖场污染防治最佳可行技术指南（试行）》	对农村环境的连片整治、水源地环境保护和生活污染防治以及养殖污染防治给出技术指导

续表

时间	文件	主要内容
2013年11月	《畜禽规模养殖污染防治条例》	从预防、治理、激励和法律责任四个方面推进畜禽养殖废弃物的综合利用和无害化处理
2014年5月	《关于改善农村人居环境的指导意见》	规划现行、突出重点、完善机制逐步改善农村人居环境
2015年11月	《关于全面推进农村垃圾治理的指导意见》	建立村庄保洁制度、推行垃圾源头减量、全面治理生活垃圾、推进农业生产废弃物的资源化利用、规范处置农村工业固废、清理陈年垃圾
2016年9月	《中华人民共和国环境影响评价法（2016年修正）》	修订九条内容，完善环境影响评级机制
2016年7月	《中华人民共和国水法（2016年修正）》	修订第十九条，水工程建设需取得相应管理机构的规划同意书
2013年6月、2015年4月、2016年11月	先后修订《中华人民共和国固体废物污染环境防治法》	使用农用薄膜的单位和个人，应当采取回收利用等措施，防止或者减少农用薄膜对环境的污染；从事畜禽规模养殖应当按照国家有关规定收集、贮存、利用或者处置养殖过程中产生的畜禽粪便；基本农田保护区内，禁止建设工业固体废物集中贮存、处置的设施、场所和生活垃圾填埋场
2016年5月	《土壤污染防治行动计划》	土壤污染调查、土壤污染防治立法、农用地分类管理、未污染土壤保护、污染源监管、污染治理与修复
2016年12月	《中华人民共和国环境保护税法》	确定了环保税的计税依据和税额，税收减免和管理办法
2017年6月	《农药管理条例》	从登记、生产、经营、使用、监管以及法律责任上加强农药管理，保证农药质量，保护农业、林业生产和生态环境
2017年9月	《农用地土壤环境管理办法（试行）》	从预防、调查监测、分类管理、监督四个方面加强对农用地土壤环境保护，管控农用地土壤环境风险
2017年12月	《生态环境损害赔偿制度改革方案》	明确生态环境损害赔偿范围、责任主体、索赔主体、损害赔偿解决途径等，形成相应的鉴定评估管理和技术体系、资金保障和运行机制

资料来源：根据公开文件整理。

第三节　中国农村现行的生态环境制度供给分析

"一切历史冲突都根源于生产力和交往形式之间的矛盾"（马克思，1960），科学技术的发展提高了生产力水平，社会生产效率获得飞速提升，而人们对自然的利用和开发方式却没有发生质的改变，造成经济社会发展和自然环境之间的矛盾。合理的制度安排通过限制行为选择的边界来化解这一矛盾，马克思（1960）强调"这种自然宗教或对自然界的特定关系，是受社会形态制约的"，农村生态环境制度建设中不健全的正式制度、滞后的非正式制度以及不完善的制度实施机制是造成农村生态环境问题的重要原因。

一　正式制度供给分析

首先，正式环境制度的供给长期不足。尽管我国生态环境的正式制度逐步完善，但是在过去40多年的经济发展中生态环境制度尤其是农村生态环境制度长期缺位，是造成农村生态环境问题的主要原因。作为第一批参与联合国环境会议的国家，我国的环境保护制度起步较早，然而目前环境保护的制度落实的监督管理不到位，使环境保护有其名而无其实。由于生态环境的公共性和外部性，环境保护和污染的经济效益和成本易被转嫁，即使我国目前确立了"谁污染谁治理"的环保基本原则，由于监督管理成本过高，环境保护制度不能落到实处，环境制度未能有效约束企业的污染排放行为。全国各地的污染标准悬殊导致污染从高标准域流向低标准域，加重了落后地区的环境污染程度，不利于区域协调发展。同时，我国的污染治理技术依然处于落后水平，专利技术的保护制度不完善，技术创新的制度支持不足导致科技研发的经济效益偏低，削弱了生态科技研发的积极性。环境保护制度的落后还表现在与现代科学技术的结合上，清洁技术的推广可以推动废物的资源化和无害化处理，然而技术推广不足限制了环境保护的进程。企业间纵向协作能促进物质和能量的再利用，通过信息和资源共享不仅给全社会减轻了排污压力，还能降低企业生产成本，然而信息技术的交流平台不足阻碍了这一进程。因此，我国环境保护制度的落后制约了城乡经济社会的发展。

其次，农村生态环境制度比例失衡。农村地区长期制度供给不足和监管缺位是城乡污染转移的根本原因。在1973年颁布的第一部关于环境保护的法规中，明确规定了污染企业不得建立在城市的人口稠密区，且包含关于改善老城市环境的专门条款，而关于农村环境的规定只有改良土壤，这种人为的制度倾斜限制了农村生态环境保护的能力。城乡二元的户籍制度限制了人口流动，城市在教育、医疗、交通等公共产品的供给中明显享有优势，而农村剩余劳动力不能转移，边际生产力长期走低，农村人力资本严重落后，造成城乡经济主体在政策影响力量上的悬殊。政绩考核机制不科学也是造成城乡污染转移的重要原因，现有考核体系只关注管辖区内整体生态环境，对区域内城乡之间、中心区与边缘地之间的环境差异关注不够，不能保证环境公平。农村地区的制度监管长期缺位，同样的环境政策在城乡的执行标准截然不同，城市的三高企业承受巨大的舆论压力和治污成本，同样高污染的乡镇企业却无人问津，这变相鼓励了污染企业从城市到乡村的转移。制度供给不足导致城乡之间出现经济落差，使污染看似成为农村的合理"需求"，制度监管缺位制造了城市给农村的污染"供给"，因此制度因素是造成城乡污染转移的根本原因。

最后，生态补偿制度未成体系。生态补偿制度通过将经济建设的环境成本内部化，促进自然资源的合理定价，利用看不见的手调节资源环境的开采和利用。我国目前的生态补偿制度主要为政府主导的生态补偿制度，资金来源主要靠财政拨款，对地方经济发展水平的依赖性强且后继乏力。受资金规模的限制，目前的生态补偿方式多为名义补偿，经济补偿标准参差不齐且补偿力度不足，生态补偿不能有效降低清洁生产和绿色消费的经济成本，未实现刺激家庭和企业主动参与绿色建设的目的。由于生态保护需要借助自然力，资金回流时间长，经济效益不突出，因此生态基金的自我盈利能力在短时期内并不明显，是资金未能流入生态领域的重要原因。生态补偿应致力于解决生态环境的外部性问题，保证生态建设的经济收益，提高公众参与生态建设的积极性。然而生态补偿制度未成体系，不仅降低了公众对政府补偿能力的信任，而且限制了生态补偿资金的来源，导致公众缺少参与生态建设的热情。生态环境的外部性决定了大型生态补偿项目应由中央统筹、区域收益的生态项目由地方政府来负责，逐步形成分工合理、上下协作的生态补偿体系。

二 非正式制度供给分析

我国农村传统的非正式制度不利于向环保型经济转变。一方面，农村恪守向自然索要财富的理念，当土地或草场的肥力耗尽，则集体迁徙到下一地点，缺少保护生态和治理环境的意识，经过世代的累积与沿袭，这种内在的传统养成了农村居民因循守旧和安于现状的意识，在新的经济形势和生态危机中不能迅速创新生产和生活方式，这种狭隘的小农意识阻碍了农村经济社会的绿色转型。另一方面，传统的农村非正式制度不利于正式制度的实施与落实。马克斯·韦伯（1987）说："在中国，一切信任，一切商业关系的基石明显地建立在亲戚关系或亲属式的纯粹个人关系上面。"作为一个人情社会，农村小范围的社会网络让很多环境保护的正式制度流于形式。20世纪80年代，为防止农民上山砍树破坏生态，甘肃省推行了"炉灶改造工程"，政府出钱将农家以烧木材和秸秆的炉灶改造为烧煤炭的新型炉灶，而后续调查发现农民为减少购买燃料的现金支出，应付完上级检查之后立刻将炉灶改造回去。饶旭鹏（2015）的调查发现，在退牧还草工程的配套执行时，当地镇政府要求牧民对牛羊进行圈养，违者处以罚款。然而执行这项制度的抓羊队也处在一定的亲情网络中，常常被亲戚、长辈出面劝说，甚至出现了白天圈养晚上放牧、给羊群染色伪装等方式，最终使得这一机制流于形式。

　　城镇化的快速推进对我国农村非正式制度的供给造成了严重冲击。一方面城镇化削弱了传统文化的传承。农村人口数量已经超出了土地的实际承载能力，大量农业劳动力剩余，农业收入也难以满足农民的生活消费需求，青年农民对土地的热情降低。城镇化进程为大量的农村剩余劳动力提供了平台，大量青壮年劳动力流出，造成农村人才流失，生产活力匮乏。留守农村的妇女儿童和老人劳动质量不足，连保持基本的农业生产活动都未必能够满足，更别提生态保护和环境治理了。而进城务工的青壮年劳动力在返乡时带回城市的生产理念和生活方式对农村传统文化产生更大的冲击。另一方面，城郊农村的就地城镇化进程改变了农村的生态结构。"非正式制度是自发形成的，但并不能表明非正式制度是不可建立的"（苗红娜，2015），完全可以通过环境教育和激励设计建设符合自然社会发展的非正式制度，而农村的就地城镇化恰恰相反，基础设施的建设造成了千村一面的情况。农村在就地城镇化的过程中放弃了原有的农业生产模式，将原来从事农业生产的土地进行硬化，造成生态环境的断崖式改变。随着城镇化的推进，传统村落的数量锐减，2015年我国自然村共有264.5万个，比1990年减少了30%，很多传统手艺都失传了，乡村习俗和民间信仰消亡了，对农村非正式制度的传递造成了重大损害。

三 制度实施机制分析

正式环境制度在农村地区实施落实的监管不足。在我国，政府作为行政管理的主体在制度的执行中发挥着重要作用，通过对经济主体行为的干预和管制保障制度的落实，而社会公众对制度的实施过程则关心不足。农民参政意愿普遍较低，对制度的实施漠不关心。环境制度的安排主要是法律法规和行政命令，微观经济主体仅仅是制度安排的被动接受者，在制度监督和反馈中的积极性不足。与农村经济社会生态发展直接相关的地方政府长期面临 GDP 考核制度，地方政府为了跑赢"政治锦标赛"报喜不报忧，农村地区本来就地处偏僻不易监管，如此一来更容易被忽略了。另外，环境制度的目标过于宏大也是农村环境制度不能实践和落实的重要原因，而且制度标准简单划一，不能根据当地生态环境的具体情况因地制宜，也是落实正式环境制度的重要阻碍。

一直以来，许多新制度的制定与实施都是采取先在城市地区发展成熟，才向农村地区扩散的路径。（张燕、侯娟，2013）环境保护正式制度的试点工作尽管是在全国普遍展开的，但是这些试点主要还是针对城市污染问题，对于同样饱受污染问题威胁的农村地区却没有同等的重视。农村环境问题主要受到非正式制度的约束，而城镇化的快速推进对非正式制度的实施产生了冲击。农村作为世代定居的封闭体，非正式制度对其约束力非常强。然而随着城镇化的快速推进，城乡和村镇之间的生产要素流动频繁，尤其是农村剩余劳动力的流出，对非正式制度的约束产生了一定冲击。农户的行为选择在非正式制度的规范之外，本应受到"熟人"和"礼俗"的谴责和惩罚，然而这种被孤立被指责的惩罚却可以通过搬迁和移居来逃脱。非正式制度的实施机制本就不够规范也不成体系，受到城镇化的冲击之后影响力就更不足。更何况，村落内部的居民多有血缘关系，氏族内部本来就存在相互包庇的激励，因此非正式制度实施的监督管理难度更大。

第七章　中国农村生态环境问题的激励机制分析

制度安排和激励机制是不可分割的，制度安排规定了人们行为选择的集合，并对集合外的行为做出惩罚，而激励机制则引导人们在制度安排内的行为集合中做出更有利于集体利益的选择。可以说，激励机制的作用是"使制度正确"。针对各级经济主体的激励机制决定了其在"正确的行为选择"中行动的主观能动性，生态激励机制的有效性决定了经济发展方式绿色转型的效率和速度。

激励机制的设计需要考虑目标、手段和过程三个部分（如图7-1所示），首先需要考虑达成经济主体内在需求的目标设定，进而选取

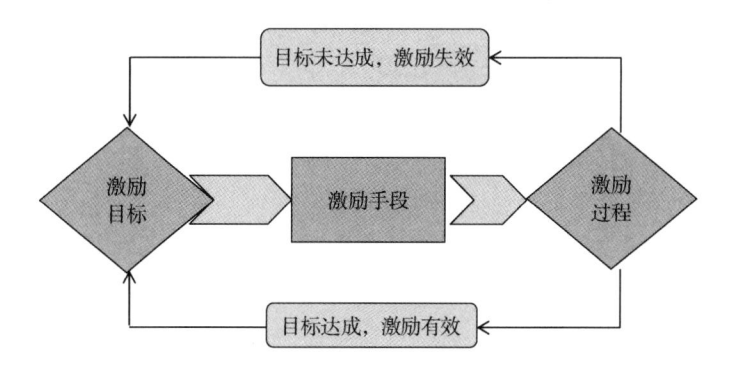

图7-1　激励机制设计结构

激励目标的方法手段，然后实施具体的激励过程，过程中一切顺利则激励目标达成，激励过程有效；若过程中出现重大问题，则激励目标不能实现，激励失效。本章在分析政府、企业和家庭三大经济主体激励目标和手段选取的基础上，研究了激励过程中存在的问题，进而指出农村生态环境激励未达成目标的原因。

第一节　农村生态环境问题中的政府激励机制分析

政府在中国特色社会主义经济发展中发挥着主导作用，既要统筹经济社会环境的充分发展，也要统筹区域经济的平衡发展，在资源约束趋紧和生态环境面临危机的新时代背景下，还要促进整体经济的绿色转型。政府层面激励机制设计主要是指上级政府根据下级政府的需要，通过经济激励和晋升激励两种方式促进其达到统筹地方经济全面充分发展，而各级地方政府在环境治理和生态保护方面的投入和监管不足是造成政府激励机制未能有效发挥作用的主要原因。

一　政府激励的目标：促进平衡发展和充分发展

中国经济是"政府主导型经济"，政府在经济社会发展中有着决定性的作用，要解决农村生态环境问题，首先要解决政府的激励问题。本书认为，在农村生态环境问题中，政府的激励目标应包括统筹经济社会环境的平衡发展、统筹城市和乡村的协调发展以及促进整体经济的绿色转型。

首先，统筹经济社会环境的平衡发展。改革开放以来我国经济建设取得了巨大的成就，经济总量跃居世界第二，经济增长在世界总量中的贡献率达30%，统计数据显示中国已经成为世界经济增长的主要动力源和稳定器。然而社会进步和环境保护工作却相对落后，出现了经济增长与社会发展不同步、经济增长与环境保护不同步的情况。党的十九大报告指出要解决经济发展不平衡不充分的问题，就是要促进经济增长与社会发展、环境保护共同发展，促进供给侧与需求侧的平衡发展，尤其是在资源环境约束趋紧、人民需求结构升级的新时代背景下，更要重视自然环境的保护与治理以及优质生态产品的优先供给。因此，地方政府在制定经济发展的过程中，不能以 GDP 论英雄，生态保护和环境治理也应该是"政治锦标赛"的关键得分点。

其次，统筹城市和乡村的协调发展。城市享受到政策红利，通过工农产品价格"剪刀差"和工业优先的战略率先得到了发展，然而城市的先进正是建立在农村落后的基础上。新时代地方政府应更加注重推行乡村振兴战略，通过城市反哺农村、工业反哺农业拉动农村经济，以促进发展中的区域公平。全面建设小康社会，重点在农村，难点也在农村，党的十九大提出乡村振兴战略，就是让广大农村居民享受到经济发展的成功，解决农民最关心的利益问题，是全面建成小康社会的重要举措。全面建成小康社会，就要在发展的整体性、协调性和平衡性上下功夫，经济增长方面要积极推动乡村振兴战略，实现城乡齐头并进，社会发展方面要积极推进乡村基础设施建设，促进城乡发展公平；环境保护方面要协同治理污染，保障整体环境质量的改善。

最后，促进整体经济的绿色转型。粗放的生产方式不仅造成了自然资源的巨大浪费，而且生产过程中产生的废气、废水和固体废物等副产品还会污染外在环境，给自然系统造成二次伤害。作为"劳动的富源"的资源环境条件已经遭到了巨大破坏，稀缺的资源环境成为经济发展的"瓶颈"，自然资本的不断衰减威胁后代人的生存基础，不利于人类社会的永续发展。要实现人类社会的可持续发展，就必须打破经济增长的"瓶颈"，降低社会生产对资源环境依赖，需要经济结构实现由高碳向低碳、由开发利用环境向治理保护环境的绿色转型。因此，地方政府需要积极促进传统行业的节能减排，引领环保产业的发展，鼓励清洁的生产方式和绿色的生活方式，实现经济向节能低碳循环的转变。

二 政府激励的手段：经济激励和政治激励

政府官员同时作为经济参与人与政治参与人在金字塔形的政府管理体制中争取个人利益。作为经济参与人，政府官员要实现个人经济利益最大化，即个人收入水平的提高和辖区内的整体经济发展；作为政治参与人，政府官员要实现政治利益最大化，即个人的政治晋升和更多的政治资源。对应的，对政府的激励手段也包括经济激励和政治激励两种形式。

地方政府的财政能力直接决定了其在地方经济发展中的能动作用，财政分权是上级政府给予下级政府强有力的经济激励。改革开放后的行政分权使得地方政府拥有了一定的经济决策权，可以在本地相对自主地发展经济。1994 年，中国实行了分税制改革，对中央和地方管理的事权进行划分，之后又持续进行了财税制度的改革，大多数年份地方财政收入在全国总财政收入中的权重均高于 50%（如表 7-1 所示），地方政府留存了本地经济发展的既得利益。尽管"地方政府促进地方经济增长并不是最终目标，最终目标是通过经济的快速增长培育税源，进而获取稳定的税收增长"（黄万华，2016），但是财政分权仍然给地方政府带来了强有力的经济激励，为实现发展经济的目的而选择性忽略经济回报率不足的生态保护和环境治理成为地方政府的理性选择，因此造成了区域环境质量的大面积恶化。在强烈的经济激励下，地方政府不仅会减少生态保护和环境治理的财政支出，甚至还会故意放松环境管制、降低环境标准来达到发展经济的目的。上一级政府为了削减财政支出甚至会将本应承担的治理环境和保护生态的事权转移给下级政府，如此层层推诿最终治理环境的责任就转移给了基层政府，而基层政府根本没有承担生态保护与环境治理的财政能力，最终导致区域生态环境水平的整体下降。

表7-1　　　　　　　　地方财政收入及其占比

年份	一般公共预算收入（亿元）	地方财政收入（亿元）	地方占比（%）	年份	一般公共预算收入（亿元）	地方财政收入（亿元）	地方占比（%）
1980	1159.93	875.48	75.48	2000	13395.23	6406.06	47.82
1981	1175.79	864.72	73.54	2001	16386.04	7803.30	47.62
1982	1212.33	865.49	71.39	2002	18903.64	8515.00	45.04
1983	1366.95	876.94	64.15	2003	21715.25	9849.98	45.36
1984	1642.86	977.39	59.49	2004	26396.47	11893.37	45.06
1985	2004.82	1235.19	61.61	2005	31649.29	15100.76	47.71
1986	2122.01	1343.59	63.32	2006	38760.20	18303.58	47.22
1987	2199.35	1463.06	66.52	2007	51321.78	23572.62	45.93
1988	2357.24	1582.48	67.13	2008	61330.35	28649.79	46.71
1989	2664.90	1842.38	69.14	2009	68518.30	32602.59	47.58
1990	2937.10	1944.68	66.21	2010	83101.51	40613.04	48.87
1991	3149.48	2211.23	70.21	2011	103874.40	52547.11	50.59
1992	3483.37	2503.86	71.88	2012	117253.50	61078.29	52.09
1993	4348.95	3391.44	77.98	2013	129209.60	69011.16	53.41
1994	5218.10	2311.60	44.30	2014	140370.00	75876.58	54.05
1995	6242.20	2985.58	47.83	2015	152269.2	83002.04	54.51
1996	7407.99	3746.92	50.58	2016	159604.97	87239.35	54.66
1997	8651.14	4424.22	51.14	2017	172592.77	91469.41	53.00
1998	9875.95	4983.95	50.47	2018	183359.84	97903.38	53.39
1999	11444.08	5594.87	48.89	2019	190390.08	101080.61	53.09

注：表中数据经过四舍五入处理。
资料来源：相关年份《中国统计年鉴》。

政治绩效考核方式是引导地方部门和政府官员行为选择的重要风向标，中国式地方官员治理模式是上级选拔任命制，造成地方政府官员对上负责而对下不负责，表现为官员个人的政治晋升目标与广大居民追求美好生活质量的要求并不必然一致。根据周黎安的研究，中国地方官员围绕GDP增长而进行的晋升锦标赛带来了高昂的能源消耗和严重的环境污染问题（周黎安，2014）。这种政治晋升激励带来了地方政府之间的过度竞争，这种过度竞争一方面会造成经济基础落后的地区穷则思变，上马一些华而不实的富民工程，另一方面还会带来各区域的地方保护和市场分割，导致全国范围内大量的重复建设，浪费了经济发展资源。基于对公共产品的搭便车心理，地方政府忽略了生态环境的供给，生态环境成为地方政府竞争的牺牲品。

三　政府激励过程中的问题分析

政府不仅是经济发展与环境治理的运动员，而且是裁判员。各级地方政府一方面参与生态环境的治理，另一方面还要积极监督管理下级政府、企业和个人经济行为。正是各级地方政府在自然环境治理和农村生态保护方面的不作为造成了环境污染和生态退化的局面。

各级地方政府在环境治理方面的生产投入和监督管理不足。一方面，环境治理不同于一般的生产行为，资本和劳动的投入不一定就带来合意的产出，只有当经济系统在环境治理中的要素投入与自然系统的需求恰好耦合时才能将良好的自然环境再生产出来。而自然系统本身就是在不断发展演化，过去的环境治理经验不能够在区域上和时间上广泛推广，造成环境治理的成本居高不下，政府在自然环境方面的生产投入长期短缺。另一方面，环境治理的效果具有一定的滞后性，下级政府的环境投入在短时期内不能够及时转化为产出，上级政府对其评估的客观性不足，也是造成地方政府环境投入不足的重要原因。同时，环境治理的难度很大程度上取决于当地的自然生态系统，而环境治理成果的外溢性又导致无法通过邻近地区的对照比较得到合理参考，因此造成了环境治理不能有效转化为地方行政长官的政绩。环境治理的奖惩机制不够完善也是造成地方政府环境监管不足的重要原因，长期的 GDP 导向削弱了下级政府环境治理的积极性，2013 年习近平在参加河北省委常委班子专题民主生活会时指出，"要给你们去掉紧箍咒，生产总值即便滑到第七、第八位了，但在绿色发展方面搞上去了，在治理大气污染、解决雾霾方面作出贡献了，那就可以挂红花、当英雄。反过来，如果就是简单为了生产总值，但生态环境问题越演越烈，或者说面貌依旧，即便搞上去了，那也是另一种评价了"（习近平，2017）。2016 年，中共中央办公厅和国务院办公厅联合出台了《生态文明建设目标评价考核办法》，生态保护和环境治理才得到具体的实施和落实。

各级地方政府在农村地区生态保护的资本投入和监督管理不足。我国历来有乡村自治的传统，国家对农村地区的行政干预力量远远小于城市，政府的财政支农规模长期不足 10%（如图 7-2 所示），这也是农村地区发展落后的原因之一。地方政府对农村生态保护的关注不够，而农村自身又缺少生态保护的巨额资本，农村的生态保护更成了烫手山芋，各级政府和部门互相推诿。另外，农村村落分散，人口密度较低，即使个别地方爆发了生态环境风险，也不容易被发现，这变相鼓励了城市向农村的污染转移和农村的自我污染。由于农村地域辽阔，生态环境的监督与管理又必须实地考察，不定期的突击检查不能实现全方位的有效监管，而环保部门有限的人力也不可能做到大面积的普查，如此高昂的监督成本也提高了农村生态环境治理的门槛。另外，由于政绩考核机制的落后，地方政府并不能获得农村生态保护的剩余收

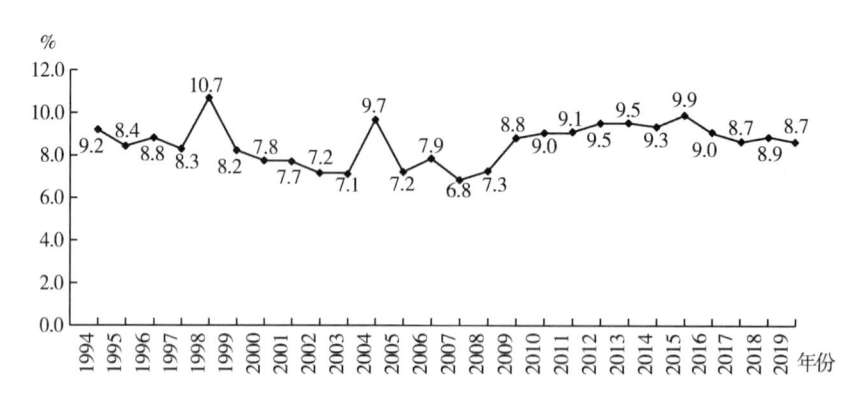

益，造成相关部门的监管动力不足，加大了行政寻租的空间。

图 7-2 农业支出在财政支出中的占比变化

资料来源：相关年份《中国统计年鉴》。

第二节 农村生态环境问题中的企业激励机制分析

企业是社会化大生产的载体，也是污染排放和生态破坏的主要经济主体，促进企业的绿色低碳转型是解决生态环境问题的根本途径。节能减排和清洁生产是企业绿色转型的最终目标，在控制排污总量的前提下，优化配置污染排放权的分配是促进企业顺利转型的重要保障。技术创新、经济奖励和适当的名誉激励是促进企业实现绿色转型的主要手段，而激励过程中的生态技术供给不足、环境税收的优惠力度不足、污染收费标准过低和环境信息的流通不畅是造成企业未能顺利实现绿色转型的主要原因。

一 企业激励的目标

企业的生产活动是造成环境污染的重要原因，转变企业生产方式也是治理环境的主要措施，企业生产的绿色化转型应包括以下三个方面。

首先，节能减排，促进资源能源的循环利用。处于农村的乡镇企业，多数都属于高投入、高排放、高污染企业，给农村生态环境造成了巨大威胁，要解决农村生态环境问题，必须从源头上减少企业的污染排放。激励企业减少污染排放的途径主要包括两种，一是通过改进生产工艺、更新生产流程提高资源利用效率，实现资源和能源的节约，进而减少污染排放的绝对量；二是推进废水、废气和固体废物的资源化改造，促进企业间的合作，实现能源和资源的重复利用以及循环利用，促进工业和农业之间的能量流动和资源共享，减少污染物排放的绝对量。

其次，清洁生产，减少生产过程中对环境的污染和损害。造成农村生态环境恶化的主要原因是生产过程中资源的不充分利用，不仅造成对生产资料的巨额浪费，而且造成了大量废气、废水和固体废物，增加了生态环境的负担。清洁生产就是通过生产技术升级和工艺改造，实现生产过程中污染少排放甚至不排放，是实现人和自然和谐相处的有效渠道。通过工艺创新对产品生产和流通过程中的废弃物进行回收，利用技术改造变成另一个生产阶段的生产要素，实现资源到产品、产品到资源的循环利用，直至最后物质和能量被消耗完毕。清洁生产通过生产工艺和技术的创新尽可能减少污染，从而实现生产清洁和产品清洁，是减少环境污染、解决生态问题的根本途径。

最后，降低排放总量，优化排污配置。环境污染的外部性是农村生态环境久治不愈的内在原因，将企业污染环境的外部成本内部化是破解这个难题的关键。市场机制自带激励功能，通过看不见的手的自发调节，将外部环境成本内化到企业的生产成本中，利用成本价格机制调节企业污染的排放总量。任何进入市场的企业要想在竞争中生存就必须根据市场价格优化资源配置，通过排污权的有偿使用和交易使得环保企业在市场上获得更多的收益，买方为了压缩成本会尽力减少污染排放，进行技术的升级创新，而卖方通过交易将环境保护行为变现，提高了环境保护的经济激励。

二　企业激励的手段

资源节约和减少排放是企业参与生态保护和环境治理的主要途径，推进企业清洁生产、实现节能减排的主要手段有生态技术创新、税收优惠、排污收费以及名誉激励等方式。

生态技术是改变资源利用结构的重要手段，通过生态技术创新提高资源使用效率，实现清洁生产。生产过程就是对物质的加工转化，必然要消耗物质资源和能源，但是不同技术水平下资源的利用效率却大相径庭。激励企业的技术创新包括倡导节约的资源利用技术，鼓励替代的资源选择和促进循环的资源利用技术。资源节约不仅包含资源使用绝对量的节约，还包括资源使用相对量的节约，是相同的资源消耗取得更高的经济产出，不变的产出消耗更少的经济资源。资源替代技术注重可再生能源的开发，用可再生能源替代不可再生能源，用再生速度快的资源替代再生速度慢的资源，避免走向资源枯竭和生态危机。加速资源的回收再利用是突破资源桎梏实现人类社会长期可持续发展的根本途径，资源的循环利用技术从向自然不断索取资源转向资源的循环利用和可持续使用，从资源—产品—废弃物的单向生产变成资源—产品—再利用资源的循环生产，在实现资源节约的同时减少生产过程中的污染排放。

通过税收优惠、转移支付等方式给环保企业以经济奖励，推动企业积极参与污染治理和清洁生产。企业生产的目的是利润最大化，污染治理和清洁技术要消耗大量的资本和劳力，成本增加必然会挤压利润空间，企业自身缺少污染治理的动力。通过环境退税或者其他税收优惠方式推动企业参与污染治理，降低了企业在污染中的成本投入，扩大利润空间才能够促进企业积极参与环境保护。同时，要严格执行污染排放的收费制度，通过对污染收费或对环保产品补贴提高或降低产品的成本价格，从而改变企业投资和回报的比例关系，只有将环境成本纳入到市场机制中，才能促进企业自发自觉地参与生态保护。推广污染许可证制度，在控制污染排放总量的同时使得污染在生产企业之间的配置达到帕累托最优，将有限的排污空间调节给最需要、最适合的企业。

恰当的名誉激励是促进企业向绿色低碳转型的重要渠道。促进环境信息公开，及时公布企业的污染排放水平和清洁生产能力，更易于激发企业的环境保护意识，积极参与低碳技术创新。获得政府批准的能效认证标志是提升产品市场定位和企业品牌价值的重要手段，环境标志制度是基于信息公开的一种政策，企业通过中国环境标志、绿色产品标志、有机食品标志等政府认证的环境保护标志来传达清洁生产信息、证明产品清洁程度，不仅节省了消费者获取信息的时间和精力，同时提升了企业形象和声誉、增强了产品的市场竞争力。此外，在给予生态企业正向名誉奖励的同时，还需及时公开污染企业名录，给污染企业施加社会压力，促进其向绿色低碳转型。

三 企业激励过程的问题分析

技术供给不足一直是农村企业绿色转型的"瓶颈"，激励企业进行清洁生产离不开低碳技术的推广实施。农村本土的乡镇企业多为低端手工业或农产品的初级加工业，缺少自主研发低碳技术的能力，而转移到农村的三高企业本来的目的就是降低治污的经济成本，在生产基地搬迁的同时不重视治污设备和清洁技术的同步转移，造成农村企业整体的技术供给不足。清洁技术的外生性决定了企业的研发动力不足，因此激励企业进行清洁生产的主要途径是提供技术支持。将新研发的生态技术推广应用，协调技术研发团队为引进清洁生产工艺和流程的企业提供免费的设备安装和技术指导，降低技术引进成本，鼓励生产企业采用节水、节能、节电的环保设备，全面推进工业企业的清洁生产。

环境税和污染收费标准影响力度不够不利于企业绿色转型。税法中关于环保企业的税收优惠只有两个部分，其一是环保收入减免：综合利用资源的企业其收入按照90%计入总额，从事环境保护、节能节水项目所得经营收入自纳税年度起，三免三减半；其二是对应纳税的抵免：企业购置用于环境保护、节能节水、安全生产等专用设备的投资额，可以按照一定比例实行税额抵免。这两项规定均是在一定比例上减少了收入总额，进而折算抵消企业税负，经过两次比例计算，对企业的影响力度大打折扣。同时，对于污染排放的收费标准过低，导致企业宁愿缴纳罚款也不愿治理污染，而且废水废气排放的监测难度又大，存在较强的行政寻租风险。

乡镇企业的税负过高和农村的招商引资政策加剧了农村生态压力。乡镇企业为我国经济发展做出了突出贡献，自20世纪80年代以来，乡镇企业的税收优惠逐渐降低，90年代末期之后几乎没有针对乡镇企业的税收优惠。乡镇企业只能通过压低成本来冲抵增加的税负，污染治理作为农村监督最薄弱的方面，首当其冲成为其成本压缩的主要途径。城市迫于改善环境的需求将高污染企业进行转移，而农村为解决剩余劳动力和经济发展"瓶颈"展开了对新生产基地的竞争，低价的土地政策、一再退让的税收优惠成为其惯用手段。税收优惠不仅没有达到环境治理和生态保护的目的,反而将更多的污染企业吸引过来,展开对农村自然环境新一轮的剥削,加剧了农村生态资源的破坏。

企业的环境信息更新滞后,信息发布渠道过窄,舆论压力和市场反馈不足造成对生产企业的刺激不够。对于农村地区的生产企业更是如此,农村居民受教育水平和生活条件的限制,本身就缺少及时捕获信息的能力,再加上生产企业和行政部门的效率不足,企业不能从改善环境中获得足够的名誉激励。企业获得的名誉激励依然来自其经济价值,我国乡镇企业虽然很多,但是属于同一行政单位下的企业非常有限,地方政府从税收保障的角度考虑会尽可能为辖区内企业争取经济利益,在年度表彰中对其造成的环境污染和生态破坏熟视无睹,这变相加重了企业的环境污染行为。

第三节　农村生态环境问题中的家庭激励机制分析

城乡家庭作为消费主体,在经济绿色转型中发挥着重要作用。新时代背景下家庭消费的目的是满足对美好生活的需求,优质的生态产品和美好的生活环境是其获得幸福感和满足感的必要条件,经济长期落后的农村家庭还缺乏对经济发展的获得感和参与感。在城乡绿色转型的激励设计中,家庭的激励手段主要包括生活方式选择和参与环境监督,农户作为农业生产者,还需要自觉参与污染防治。消费中的物质激励和精神激励不足是家庭未能形成绿色生活方式的重要原因。

一　家庭激励的目标

改革开放40多年来,中国经济发展取得了巨大的成就,中国共产党带领全国人民告别了贫困,实现了温饱,全面建成了小康社会。作为消费者，城乡家庭的个人需求也随着生活水平的提高不断变化。中国特色社会主义进入新时代，满足人们对美好生活的需求是经济发展的主要任务，而美好生活的需求包括对优美环境的需求、安全和尊重的需求以及自我超越的需求等多个方面。

满足对优质生态产品和良好生活环境的诉求，提高居民生活幸福感和满足感是新时期发展的目标之一。党的十九大报告指出，中国特色社会主义新时代的主要矛盾是人民对美好生活需要和不平衡不充分发展之间的矛盾，新时代人们对美好生活的需求就包括优质的生态产品和良好的生态环境。社会主义经济建设的巨大成功带动了需求结构的升级，供给和需求之间的不平衡造成了新的社会矛盾。根据马斯洛需求理论，基本的温饱等生理需求得到满足之后人们迫切需要解决的是安全需求和社会需求，而生态安全作为影响全社会发展的重要方面，成为人民生活中新的关注点和诉求点。老百姓过去求温饱，现在求环保；过去求生存，现在求生态。城乡家庭作为消费者不仅需要更安全的绿色食品、无公害产品来满足其对健康的诉求，而且需要更优美的自然环境和更稳定的生态资源来满足其对环境和安全的诉求。家庭激励的目标之一就是满足新时期广大人民群众的新诉求，只有让广大人民的新需求得到满足，让广大人民群众在发展中有更多的获得感，才能提高居民生活的幸福感，才能体现社会主义制度的优越性。

保障城乡居民的消费公平，发挥农民在经济发展中的主体作用，让农村居民收获更多的参与感和获得感。改革开放以来，农村劳动力是城市建设和农村发展的主力军，对中国特色社会主义做出了突出贡献，二元经济结构造成收入分配向城市倾斜，导致经济发展的成果未能惠及农村居民。消费是公民权利的基本体现，农民对物质文化产品和优美生态环境的需求理应得到保护和尊重，不能为了改善城市环境而牺牲农村居民的生态利益。长期落后的经济现实造成农民自我认同感的缺失，农村居民普遍缺少经济建设的主人翁意识，在经济建设中的主观能动性受到限制。实现人的全面自由发展是我国社会主义建设的主要目的，因此必须承认农民在经济建设中的主体作用，满足其自我价值实现的心理诉求。

二 家庭激励的手段

城乡家庭的消费选择是决定市场需求的主要力量，引导家庭主动选择绿色的生活方式是实现经济绿色转型的重要途径。激励家庭参与绿色经济转型的方式包括自觉选择绿色生活方式、积极参与监督环境破坏行为和自觉参与农业面源污染的预防和治理。

首先，自觉选择绿色的生活方式。城乡家庭的消费选择是决定市场需求的主要力量，引导家庭主动选择绿色的生活方式是实现经济绿色转型的重要途径。激励家庭选择绿色生活方式的主要目的是提高市场上绿色产品的需求，转变城乡家庭的消费理念，使绿色消费真正成为公众意识，消费者自发自觉地用资源消耗低的消费品代替资源消耗高的消费品，适度消费代替过度消费，在效用评价层面上提高生态消费的地位。在以家庭为单位的社区中加强舆论宣传，提高资源危机意识，同时开展评比生态型社区和家庭等活动从精神激励方面调动家庭参与生态文明建设的积极性。随着居民收入和生活水平的提高，家庭消费结构不断升级，从单纯的物质消费变成对物质、文化、环境多层次并存的美好生活的需要，绿色消费必然会带动绿色市场的形成，进而拉动绿色产品的供给，促进整个经济系统的绿色转型。

其次，积极参与监督环境破坏行为。环境制度不能落实的主要阻碍是监督不足，地方政府的人力、财力有限，不能及时发觉企业违规排污行为，而同样作为微观经济主体的城市居民和农户是环境破坏的直接受害者，对企业环境行为的反应灵敏度要高得多，因此积极发挥广大人民群众对生态破坏和环境污染行为的监督作用是促进企业清洁生产的重要途径。农村作为一个熟人社会，检举反馈环境破坏的积极性低，需要通过激励机制的设计对积极举报和监督的农户给予一定的物质补偿和经济激励，提高农民参与环境保护的主观能动性。农村人口密度低，行政管理网络松散，其生态破坏和环境污染的行为更不容易被发现，因此积极促进家庭尤其是农村家庭参与对环境行为的监督管理，是解决农村生态环境难题的重要举措。

最后，自觉参与农业面源污染的预防和治理。农业面源污染的主要原因是农户生产中过量施用石油产品，而过量化学元素的投放必然影响到农产品质量，要满足市场对于无公害农产品的需求，就必须减少农业生产中化肥、农药的施用量。农户过量投入化肥的动机是提高产量和收入，减少农业资源投入将伴随产量和收入降低的担忧，因此需要通过激励机制的设计实现农产品的市场分割，提高绿色农产品的可识别度，对绿色农产品实施价格歧视策略，让高端消费者在市场上能真正找到绿色农产品，保证农户收入水平。

三 家庭激励过程中的问题分析

物质激励过低，城乡家庭尤其是农村家庭绿色消费的参与度不高。保障微观经济主体的物质收益是促使其积极参与经济活动的原始动力，邓小平同志早就指出："革命是在物质利益的基础上产生的，如果只讲究牺牲精神，不讲物质利益，那就是唯心论。"（邓小平，1994）众所周知，绿色消费品的市场价格普遍高于普通产品，选择绿色消费要付出更多经济成本，必然损失掉消费者更多的经济利益，而消费者对同类产品的清洁程度辨识力不足，不能从绿色消费中获得足够的感官体验和心理满足，造成绿色消费热情有余而参与不多。我国绿色消费的起步较晚，前期研发生产绿色产品需要投入大量的成本，而政府对生态产品价格补贴力度不够，造成绿色产品虽然口碑不错但是平均利润过低，其市场供给缺失。同时，我国绿色产品市场发育还不够成熟，绿色家居、绿色建材、绿色食品、低碳出行等以绿色消费为主题的市场交易平台缺位，绿色产品和普通产品的市场分割不够清晰，价格机制对市场供给和需求调节不够完备，不能通过价格歧视实现对绿色产品的经济补偿。

精神激励缺位，城乡家庭参与监督环境行为的积极性不够。精神激励是促进家庭参与环境监督的重要方面。精神激励不足也是公众不愿参与绿色实践的重要原因。长期生态教育的缺失使人们对环境污染和生态破坏的认知度不够，公众不能准确认识到生态建设和绿色投资的长期效用，缺乏主动参与绿色建设的原始驱动。优美的生态环境是公共产品，家庭耗费个人成本监督的成果会被其他社会主体分享，而公众普遍存在的搭便车心理造成了环境监督的"公地悲剧"。同时环境治理的成效基于群体的共同努力，绿色发展中的个体行为成效微乎其微，目标成效的激励缺位使家庭和企业缺少参与绿色实践的动力，不能充分发挥人们在绿色实践中的主观能动性。

第八章　农村自我污染的实证研究

新时代满足人们美好生活的需求离不开优质清洁的农产品，农业污染问题不仅威胁食品安全，而且不利于农业绿色转型。本章从政治经济学利益分析的视角切入，对农业污染问题进行了理论分析和实证考察，研究结果显示：短期内经济利益与环境利益存在竞争关系，农户对经济利益的迫切需求决定了其更偏好于前者；地方政府不合理的激励机制会鼓励这种行为，加剧了农业的污染程度；有效的制度安排约束了人们行为选择的边界，能有效降低农业污染水平。此外，本章还进一步分析了农业污染的区域异质性特征。

石油产品过量投入造成的农业污染已经成为制约农业发展的重要"瓶颈"之一（陈锡文，2002），农业污染一般指面源污染，即指种植业中化肥、农药等要素的过量施用以及养殖业中乱排乱放导致土壤和水体养分过剩，从而造成地表污染（张淑荣、陈利顶、傅伯杰，2001；全为民、严力蛟，2002）。据统计，我国化肥施用强度在2008年就已经超过了每公顷225公斤的安全上线，东部地区的投放强度甚至超过了此数值的2倍。我国单位耕地面积的化肥施用量已经超出了世界平均水平的4倍，农药的过量施用提高了病虫害的抗药性，这又促使农药产品的迭代升级，迫使农药浓度和使用频率不断提高，进而导致农村整个生态链的恶性循环。事实上，我国农业生产条件的利用率并不高，研究显示化肥在我国的利用率只有35%，真正到达害虫体内的农药不足1%，大量化肥和农药残留通过地表径流、农田渗漏进入土壤，甚至直接挥发飘散在空气中，造成水体、土壤和大气的面源污染，不仅危害农业生产安全，也损害居民身体健康，威胁整个社会的食品安全和人力资本。

从污染排放的绝对数量和增长速度上看，农田化肥施用是农业面源污染最主要的来源（闵继胜、孔祥智，2016），从区域比较来看，虽然不同污染物的分布有所差异，但是东部地区和中部地区的面源污染问题总体上比西部地区更加严重。相关研究主要集中于农业面源污染与经济增长的关系以及造成面源污染的成因分析，研究结果验证了农业库兹涅茨曲线。学者（李海鹏等，2009；张晖等，2009）利用面板数据和时间序列数据对不同类型的农业面源污染与经济增长的关系进行了研究，发现在没有明显制度约束和政府治理的情况下农业污染的库兹涅茨曲线在中国是成立的，即农业面源污染与经济增长之间存在"倒U型"的关系。对于造成面源污染的原因研究也颇为丰富，梁流涛等（2010）、葛继红等（2011）认为农业结构变迁和农民的环境质量需求以及环境投资和农业政策是造成农民自我污染的主要原因；有学者（马骥等，2007；李洁等，2007）认为农民对私人利益最大化的追求和淡薄的环境保护观念加剧了农业面源污染；也有学者从农村非农就业比例和非农收入进行研究（何凌云等，2001；冯孝杰等，2005），结果显示随着非农就业比例的不断提高，农业面源污染问题也随之加剧。张峰（2011）的研究还显示，城乡二元经济结构和环境管理政策体制以及经济作物比例的增加是农业面源污染的重要原因。可以看出，目前对农村面源污染问题的估算、现状研究以及对形成原因的简单验证较为丰富，而对于引发问题背后深层驱动因素的研究较为贫乏。本章基于政治经济学视角，立足于新时代的历史方位分析造成农业面源污染问题背后的物质利益诉求，研究经济主体行为选择的内在逻辑，探索制度和激励因素在农业面源污染问题中的制约和促进作用，从本质上挖掘农村面源污染的成因，力图寻求一条能真正解决农业面源污染问题的有效渠道。

第一节 理论分析与研究假说

基于前文有关农村污染的政治经济学理论分析，本章采用利益诉求—行为选择—制度安排—激励机制的框架来研究农业面源污染问题。

利益是一切社会时代人们改造自然、进行生产活动的直接动因和目的（王伟光，2010）。农户的利益诉求是多方面的，不同的利益形式之间存在内部竞争。从生产者角度来看，农业生产是农户获取经济利益主要的渠道，加大物质资本投入是扩大经济利益的重要途径，而环境利益的本质是一种未来利益，其实现过程具有一定的滞后性，容易被农民所忽略。从消费者角度来看，农户长期居住在耕地附近，需要良好的生态环境来保障其生存质量，而这必然要求减少污染物的投入和排放。农村长期落后的经济社会现实和相对丰富的生态资源储备决定了农户在经济利益和环境利益的竞争中更偏向于前者。环境利益是整个人类历史角度的整体利益（洪远朋，2011），农村生态环境的共用性造成个人利益和集体利益的分化。农户对经济利益的强烈诉求成为农业生产中石油产品过量投放的原始动力。

从主体行为选择看，农村劳动力的转移和农民对短期利益的追逐造成农业面源污染的广泛。劳动力的非农转移是农民化肥施用过量的重要原因，农业劳动力转移与化肥施用之间存在要素替代关系（栾江，2017）。城市基于自身的平台优势和集聚效应，提供了比农村更高的要素回报率和工资水平，拉动了人口、资本向城市的转移和土地所有权的变化，进而带动了人口城镇化和土地城镇化。保持农业生产的土地大多没有区位优势，留守在农村的老人、儿童和妇女劳动能力和创新能力也相对较低，优质生产要素的出逃必然会降低农村的生产质量。也正是由于农村大量生产要素的出逃，造成了农业生产中物质资本对人力资本的替代，化肥、农药和薄膜的使用弱化了农业生产对自然条件的依赖，提高了农业单位面积产量，然而这些石油产品的过量使用也给农村环境带来新的威胁。长期看，化肥、薄膜和农药等石油产品的过量投放会造成土壤、空气和水环境的污染，影响农业长期可持续发展；短期看，在农业生产条件发展不完善的情况下，农作物对投入的生产资源不能完全吸收，过量投放至少能带来当季作物产量的增长。农业生产中优质劳动力的匮乏和农民对短期产量增长的偏向是农业污染广泛传播的重要原因。

洪远朋（2006）认为制度的功能就是提供协调社会利益关系的机制，制度通过正式和非正式规则的交互作用为利益主体提供了一定的约束，从而发挥利益协调的功能。制度安排对经济转型中的主体行为选择进行约束，中国政府一直致力于解决农村问题，自2004年以来连续十多年的中央一号文件都与农业有关，2006年全面取消了农业税，且对化肥、农药等农业生产资源给予价格补贴。自21世纪初农业面源污染的危害开始显现以来，国务院先后颁布了《畜禽规模养殖污染防治条例》《土壤污染防治行动计划》《农药管理条例》等文件。制度安排对规定外的行为选择设置的惩罚机制，从反向约束经济主体积极主动选择符合要求的行为组合，为提高经济发展效率提供保证。配套的监督管理机制是制度发挥作用的关键，而农业面源污染的随机性、广泛性和滞后性决定了其监督管理的高难度，农业生产的投入产出比工业更不易观测，即使国家已经做出制度安排来规范农户的行为，对应监督管理机制的匮乏也导致其形同虚设。因此，建立健全农业污染防治制度，并完善相应的监管机制能有效抑制农业面源污染。

激励机制的设计对政府治理和农户生产行为具有导向性作用。地方政府官员在经济激励和晋升激励的双重影响下，会选择性忽视农业污染问题。中国的财政分权制度给地方政府带来了强有力的经济激励，城市建设和工业发展的短期高回报率备受青睐，而环境治理和农村经济成本投入大且收益周期长，不利于地方政府获得更多的经济留成，就被选择性忽略了。从农户角度看，生产资源的直接价格补贴变相降低了投入成本，增强了农业生产者的投放能力。研究显示，直接补贴的支农政策带来了化肥投放量的大幅上涨（于伟咏等，2017），却没有改变农业的生产方式和生产结构。因此，地方政府和农户单一的激励机制设计不利于农业污染的预防和治理。

经济水平的相对落后和农户的需求结构决定了农户优先选择经济利益忽略环境利益，更注重短期利益而忽视长期利益，农村劳动力的非农转移促进了农业生产中的要素替代，增加了农业生产中石油产品的投入。制度安排规范能有效约束农户行为，降低农业污染水平。单一的激励机制不能刺激地方政府和农户积极主动选择环境保护行为，会加剧农业面源污染的强度。基于以上理论分析，本章提出三个研究假说：

假说8-1：经济利益和环境利益存在一定的竞争关系，农户对经济利益的追逐会降低环境利益诉求，对农业污染具有正向的促进作用。

假说8-2：制度提供协调社会利益关系的机制，环境制度能有效约束经济主体的行为，制度变量对农业污染具有抑制作用。

假说8-3：财政支农直接的价格补贴激励变相降低了生产资料的价格，导致其投放量的增加，经济增长激励会加重地方政府的城市政策偏向，不利于降低农业污染。

第二节 数据选择和模型设定

一 数据选择

(一) 被解释变量

根据农业面源各种污染物的占比,本书将化肥(fertilizer)、农药(pesticide)两种主要污染物的污染排放总量作为被解释变量。已有研究表明,农业生产中的化肥流失是农业面源污染发生的主要原因(梁流涛等,2010),而目前尚无科学方法能够精确计算出化肥、农药等施用过程中造成的全部污染物排放量(葛继红等,2012)。毋庸置疑的是,农业面源污染的排放量与石油产品的投入量有直接关系,本书延续以往文献的普遍做法(李海鹏等,2009;李飞等,2014),根据化肥、农药等石油产品单位播种面积的施用量乘以对应的排放系数计算得出农业面源污染排放量。其中,化肥施用量利用实际地区化肥施用的折纯量计算,污染系数用1减去农作物的实际利用率得出,农作物对化肥和农药的实际利用率则直接利用以往文献的测算结果(葛继红等,2011;陈玉成等,2008;王鸿涌,2009)。

农业生产中面源污染的估算方式如下:

$$Pollution_{ij} = \sum_{1}^{j} PE_{ij}(1-\mu_i) C_{ij}(EU_{ij}, S) \qquad (8-1)$$

其中,$Pollution_{ij}$表示第i个地区第j种污染物在农业生产中产生的实际污染量,PE_{ij}为农业生产的污染产生量,即完全不考虑资源综合利用和管理因素时造成的农业生产污染总量,μ_i表示每种农业资源在农业生产中的效率利用系数,$C_{ij}(EU_{ij}, S)$表示单元i污染物j的排放系数,它是由单元和空间特征(S)来决定的,表征区域环境、降雨、水文和各种管理措施对农业和农村污染的综合影响。

(二) 核心解释变量

利益诉求：农村居民人均纯收入是农户利益诉求的外在表征和现实结果，考虑到农户的收入结构及其与农业面源污染的关系，本书采用农村人均纯收入中的生产经营性收入的对数值作为农户利益诉求的代理变量。变量名称记为 inc。

政府行为：政府通过财政支出来表达自己的利益诉求，因此本书采用政府对农林水事务支出的拨款占比来表达政府对农业的支持力度，记作 as。同时这一变量还内含了政府在经济发展中的城市偏向，农林水事务支出比例越高，表示政府的城市偏向性越低。其中1997—2009年之前的数据来源于《新中国六十年统计资料汇编》，2009—2014年的数据来源于各地区的统计年鉴。

制度变量：学界对制度的量化标准还未达成共识，指标选用的差异较大。目前较多的学者采用了樊纲等（2011）、王小鲁等（2016）所测度的市场化指数作为制度的代理变量。考虑到法律制度环境对市场的规范作用，本书采用根据1997年为基期调整后的市场化指数作为制度的代理变量，记作 $market$。陈志勇等（2014）和唐跃军等（2014）也用它作为制度环境的量化指标。由于西藏数据缺失严重，本书实证检验中剔除西藏样本。

经济增长激励：经济增长速度是地方政府竞争中的重要衡量标准，也是地方官员升迁时考量的重要指标，因此本书采用地方经济增长速度刻画地方政府的经济激励，记作 gcg。数据来源于历年《中国统计年鉴》。

(三) 其他控制变量

人均消费差距：中国历来有"不患寡而患不均"的传统，城乡之间的消费差距尤其是消费差距的绝对量能更直观地让农民感受到经济落后的现实，激发农村经济追赶和超越的积极性，因此本书用平减后城乡消费差距的绝对差值的对数作为城乡物质利益差距的替代变量，记作 dcon。

经济开放程度：20世纪90年代后期，中国大部分农村已经成功实现了粮食的自给自足，经济开放程度决定了其农产品的交易量。本书用进出口总额在地方经济产值中的比例表示经济开放程度，即为 open。

经济发展水平：地方经济发展水平选择地区实际人均 GDP 的对数来表示，变量名称记为 lnpgdp；

劳动力质量：劳动力质量的本质是代表地区的人均资本存量水平，本书借鉴杜伟等（2014）和钞小静等（2014）的做法，采用教育指标法即6岁以上人口的平均受教育年限来测度劳动力质量。具体计算公式为：劳动力质量=（文盲和不识字人口×0+小学文化程度×6+初中文化程度×9+高中文化程度×12+大学及以上文化程度×16）/6岁以上总人口，变量名称记为 edu。

除制度变量之外，以上数据均来自历年《中国统计年鉴》以及各地方的统计年鉴，缺失数据根据《新中国六十年统计资料汇编》进行补充。由于制度变量数据是从1997年开始测算的，因此本书采用1997—2014年的数据进行实证检验。表8-1给出了相关变量的描述性统计。

表8-1　　　　　　　　　相关变量的描述性统计

	均值	中位数	最大值	最小值	标准差	观测值	截面单元
pollution	4.7687	5.0011	6.5683	1.9013	1.0769	540	30
fertilizer	4.3228	4.5583	6.1285	1.4563	1.0777	540	30
pesticide	4.7657	4.9981	6.5652	1.8983	1.0769	540	30
inc	7.5991	7.5493	8.9154	6.3797	0.4645	540	30
as	0.0830	0.0800	0.1829	0.0120	0.0343	540	30
market	6.3760	6.0450	14.2788	1.2900	2.4682	540	30

续表

	均值	中位数	最大值	最小值	标准差	观测值	截面单元
gcg	0.1410	0.1296	0.3227	0.0076	0.0580	540	30
$dcon$	2.9868	2.9256	28.1201	1.6131	1.2324	540	30
$\ln pgdp$	9.6698	9.6637	11.5639	7.7187	0.8588	540	30
$open$	0.3105	0.1254	1.7222	0.0152	0.3909	540	30
edu	8.1825	8.1689	12.0284	4.6926	1.0840	540	30

二 计量模型的构建

考虑到农业生产中造成面源污染的主要原因是经济主体为追求自身利益诉求的行为选择及其面临的制度约束和激励机制，根据前文分析的利益诉求—行为选择—制度约束—激励设计的理论影响机制，本书构建农业生产中的自我污染计量模型如下：

$$\ln pollution_{it} = \beta_0 + \beta_1 inc_{it} + \beta_2 market_{it} + \beta_3 as_{it} + \beta_4 gcg_{it} + \sum_1^j \varphi_j X_{ijt} + \mu_i + \gamma_t + \varepsilon_{it} \quad (8-2)$$

其中，i 表示样本截面单元，t 表示样本时间单元，$\ln pollution_{it}$ 为用化肥和农药的污染排放系数和投放量估算的农业面源污染指标，inc_{it} 表示用农村人均生产性收入刻画的农户物质利益诉求；$market_{it}$ 表示用市场化指数测度的制度因素，as_{it} 表示用财政支出比例刻画的地方政府对农村经济的财政投入力度，gcg_{it} 是用地方经济总值的增长速度刻画的地方政府的激励机制。X_{ijt} 为一组控制变量，包括地区的平均劳动力质量、地方经济发展水平以及地方经济的开放程度。μ_i 表示截面单元不可观测且不随时间变化的区域个体效应，γ_t 表示时间非观测效应，ε_{it} 为与时间、地区无关的残差项。

第三节 实证结果及解释

一 面板数据单位根检验

面板数据具有时间和空间双重维度特征,为避免面板数据可能存在的非平稳性导致估计结果的偏误问题,首先对面板数据进行平稳性检验。为了检验结果的稳健性,本书同时采用 Levin(2002)提出的 LLC 法,Maddala 和 Wu(1999)提出的 ADF-F 法、ADF-PP 法进行变量序列的面板单位根检验,按照多数原则进行决策。检验结果表明:原始变量序列均存在单位根过程,属于非平稳序列,而差分后的变量序列均不存在单位根,属于一阶单整序列,可以进行进一步的分析和检验(见表 8-2 所示)。

表 8-2　　　　　　　　面板数据单位根检验

指标变量	LLC	ADF-F	ADF-PP	指标变量	LLC	ADF-F	ADF-PP
pollution	0.6783 (0.7512)	19.0057 (1.0000)	28.3012 (0.9998)	$\Delta pollution$	-14.7543 (0.0000)	288.684 (0.0000)	643.207 (0.0000)
fertilizer	0.3387 (0.6326)	19.0926 (1.0000)	28.5671 (0.9998)	$\Delta fertilizer$	-13.3990 (0.0000)	290.727 (0.0000)	644.948 (0.0000)
pesticide	0.6741 (0.7499)	19.0377 (1.0000)	28.3110 (0.9998)	$\Delta pesticide$	-14.7502 (0.0000)	288.669 (0.0000)	643.147 (0.0000)
inc	10.7374 (1.0000)	7.9430 (1.0000)	5.3924 (1.0000)	Δcon	-8.2564 (0.0000)	155.438 (0.0000)	213.632 (0.0000)
as	-0.0746 (0.4703)	39.0256 (0.9836)	37.4028 (0.9903)	Δas	-16.3174 (0.0000)	300.780 (0.0000)	863.648 (0.0000)
market	1.3340 (0.9089)	14.9886 (1.0000)	20.3904 (1.0000)	$\Delta market$	-13.3627 (0.0000)	212.863 (0.0000)	224.658 (0.0000)

续表

指标变量	LLC	ADF-F	ADF-PP	指标变量	LLC	ADF-F	ADF-PP
gcg	-0.3313 (0.3702)	40.6058 (0.9741)	64.6367 (0.3180)	Δgcg	-5.6225 (0.0000)	94.1527 (0.0032)	100.138 (0.0009)
$dcon$	1.8156 (0.9653)	52.1600 (0.7542)	49.8240 (0.8227)	$\Delta dcon$	-12.1657 (0.0000)	201.842 (0.0000)	420.526 (0.0000)
$\ln pgdp$	-29.218 (0.0017)	72.3705 (0.1314)	11.0943 (1.0000)	$\Delta \ln pgdp$	-7.6506 (0.0000)	123.979 (0.0000)	296.499 (0.0000)
$open$	-1.4932 (0.0067)	55.6658 (0.6347)	47.8139 (0.8721)	$\Delta open$	-15.5794 (0.0000)	255.150 (0.0000)	294.886 (0.0000)
edu	-4.4426 (0.0000)	33.4856 (0.9978)	36.5163 (0.9928)	Δedu	-20.5314 (0.0000)	391.757 (0.0000)	629.813 (0.0000)

注：Δ表示一阶差分，表格中数据为相应的统计量，括号内为相应的概率。

二　面板数据协整检验

变量序列单位根检验过程表明其均为一阶单整序列，可以进一步进行变量序列的协整关系检验，为后文的实证分析提供基础。根据变量序列的数据结构，我们采用 KAO 检验法检验变量序列间的协整关系，检验结果表明，以农业面源污染为被解释变量的变量序列的 t 统计量为 -1.81，伴随概率为 0.0352；以化肥污染为被解释变量的变量序列的 t 统计量为 -1.90，伴随概率为 0.0286；以农药污染为被解释变量的变量序列的 t 统计量为 -1.81，伴随概率为 0.0351。因此，可以判断变量序列至少在 5% 的显著性水平上存在协整关系。

三　基准回归分析

本书首先检验了全国范围内农业生产中的面源污染效应，依照计量模型进行的基准回归结果如表8-3所示。根据Hausman检验值可以判定应该选择固定效应模型来解释。实证检验结果与理论分析基本一致，利益诉求、城市偏向的政府行为和经济增长激励显著增加了农业的面源污染，而制度变量则显著降低了面源污染程度，且在加入控制变量之后核心解释变量的符号均未发生改变。

表8-3　　　　　　　　农业生产中的面源污染效应

变量	(1)固定效应	(2)随机效应	(3)固定效应	(4)随机效应
inc	0.447*** (17.63)	0.448*** (17.55)	0.312*** (9.01)	0.321*** (9.02)
as	0.467* (1.67)	0.459 (1.63)	0.0678 (0.24)	0.0788 (0.27)
$market$	-0.0254*** (-5.38)	-0.0253*** (-5.34)	-0.0458*** (-7.01)	-0.0434*** (-6.47)
gcg	0.523*** (5.71)	0.521*** (5.64)	0.419*** (4.44)	0.430*** (4.43)
$dcon$			0.00730 (1.62)	0.00734 (1.58)
$lnpgdp$			0.145*** (4.96)	0.139*** (4.62)
$open$			-0.0837* (-1.69)	-0.0960* (-1.89)
edu			-0.0143 (-0.69)	-0.0182 (-0.86)
常数项	1.420*** (8.70)	1.413*** (6.02)	1.341*** (7.92)	1.352*** (6.08)
观测值	540	540	540	540
Hausman	12.12		36.98	
Hausman-p	0.0332		0.0000	

注：(1) 括号内为t统计量；(2) *表示$p<0.1$，**表示$p<0.05$，***表示$p<0.01$；下同。

表8-3显示，首先，农户的生产性收入以及地方政府的城市政策

偏向均显著增加了农业的面源污染水平。这说明，现阶段农民的经济利益需求还处于增长阶段，农户为追求物质财富而不顾土地承载能力盲目追加农业生产资料的行为加剧了农业面源污染，即农户普遍的经济利益诉求并未得到满足，需求的有效升级还没有实现。其次，地方政府重城市轻乡村行为对农业面源污染的影响也得到了验证，政府支农规模显著增加了农业的面源污染水平，这一方面说明了农村财政支出力度不足，对农业生产资料一刀切的价格补贴并未达到帮助农户改善生产环境、提高生产价值的目的，只是变相压低了农业生产资料的价格，使农户有能力投入更多的农业生产资料。另一方面说明了财政支农结构和模式有待改善，财政对农业的支持并没有达到改善生产结构、创新生产技术的目的。然而当加入地方开放程度、地方经济发展水平的控制变量之后，这一影响变得不再显著，可能是由于地方政府的影响被经济发展水平的提高和要素流动所抵消，即开放的经济体有助于消除政府财政支农行为所带来的负面效应。地方政府的绩效考核激励在基础模型回归中也显著增加了农业的面源污染水平，说明地方政府的激励考核机制不够合理，未能促进农村经济的绿色转型，多元化的政治晋升激励是有必要的。从自变量的影响系数来看，政府行为对农业面源污染的力度远远高于农户的个体行为，因此在农业污染的治理中应更重视地方政府的行为规范以及激励机制。在农业面源污染的负向影响中我们发现，制度因素、地方劳动力质量和经济开放程度均显著降低了农业面源污染水平，这和前文的理论分析结果相一致。制度越完善，对经济主体的行为规范要求越强，越能有效降低农村的污染水平，且加入控制变量之后，制度约束影响系数的绝对值在固定效应和随机效应中均变得更大，这意味着制度在约束农村经济的绿色转型中有着非常重要的作用，且这一作用会被经济体的其他作用所强化。地方的劳动力质量也显著降低了农业的面源污染，这说明农村教育的投入能有效提升经济主体的信息获取和处理能力,帮助农户正确认知生产中各种生产资源的价值,加大对农村的教育投入力度有助于农业生产实现绿色转型。

四 稳健性检验

(一)稳健性检验:主要污染物排放分别造成的农业面源污染

由于每种污染物的传播渠道不同,农业主要面源污染物排放量的直接加总有可能会造成实证结果的偏误,因此有必要对面源污染的主要污染源分别进行研究。表8-4显示了对于农业面源污染主要污染源的回归结果,前两列表示化肥污染的实证分析结果,后两列表示农药污染的实证分析结果。比较发现,两种主要污染源的实证结果与污染总量的回归结果基本一致,利益诉求、城市偏向的政府行为以及经济增长激励均显著增加了化肥、农药的污染排放量,制度变量则显著抑制了农业污染物的排放。对比各种影响因素的系数可以发现,农户的利益诉求、制度变量、地方政府的财政支农规模以及经济增长的激励对农药排放影响的绝对量均高于化肥排放,意味着农药的施用量变化幅度受外界影响更大。这与农药的实际利用率低于化肥是相吻合的,正是由于农药较低的利用率,自变量引起的任何农药需求的微小变化都会带来农药施用量的大幅波动,由于农药污染排放系数远远大于其利用率,因此施用量的波动也就带动了农药污染排放量的大幅波动。

表8-4　　　　主要污染物排放造成的农业面源污染

	化肥污染		农药污染	
	固定效应	随机效应	固定效应	随机效应
inc	0.312 *** (9.00)	0.321 *** (9.01)	0.312 *** (9.01)	0.321 *** (9.02)

续表

	化肥污染		农药污染	
	固定效应	随机效应	固定效应	随机效应
as	0.00881 (0.03)	0.0202 (0.07)	0.0678 (0.24)	0.0788 (0.27)
$market$	-0.0448*** (-6.87)	-0.0424*** (-6.34)	-0.0458*** (-7.01)	-0.0434*** (-6.47)
gcg	0.413*** (4.38)	0.424*** (4.37)	0.419*** (4.44)	0.430*** (4.43)
$dcon$	0.00714 (1.58)	0.00718 (1.55)	0.00731 (1.62)	0.00734 (1.58)
$lnpgdp$	0.144*** (4.92)	0.138*** (4.59)	0.145*** (4.96)	0.139*** (4.62)
$open$	-0.0817* (-1.65)	-0.0941* (-1.86)	-0.0837* (-1.69)	-0.0960* (-1.89)
edu	-0.0151 (-0.73)	-0.0190 (-0.90)	-0.0143 (-0.69)	-0.0182 (-0.86)
常数项	0.918*** (5.43)	0.929*** (4.18)	1.338*** (7.90)	1.349*** (6.07)
观测值	540	540	540	540
Hausman	36.56		36.98	
Hausman-p	0.0000		0.0000	

（二）分区域的异质性检验

由于我国地方经济发展不平衡，各地区的城乡经济发展差距也不统一，因此在分析全国农业面源污染的影响机制之后，有必要对农业面源污染的区域异质性进行分析。表8-5报告了对东部地区、中部地区和西部地区分别进行回归的结果。

对比表8-3和表8-5发现，区域回归的结果与全国基本一致，利益诉求、城市偏向的政府行为以及经济增长激励对农业面源污染依然存在正向影响，而制度变量则对农业面源污染产生负向影响。根据Hausman的检验结果，对中部地区和西部地区的影响应采用固定效应解释，而对于东部地区的影响则应采取随机效应解释。比较区域的异质性可以发现，东部地区各变量的影响系数与全国基本一致，中西部地区则略有差异，这可能是跟地方经济发展水平和增长模式有关。首先，代表农户经济利益的生产性收入在三个地区均显著增加了农业的面源污染，而且中西部地区的显著性更强，影响系数更大，这进一步验证了农户对于物质利益的需求超过环境利益，且经济越落后环境利益的需求就越低。其次，制度变量对不同地区的影响效应发生了明显的地域差异，东部地区的经济发展水平高，制度相对完善，因此制度能够有效约束经济主体的环境行为，有效抑制了农业污染；而对于经济发展相对落后的中西部地区来说，制度安排更侧重于促进地方经济发展，虽然制度变量对农业污染的影响依然呈现出负向效应，但其抑制作用并不显著。全国和东部地区相比，地方经济财政支农的规模对中部地区虽然也产生了正向影响，但是影响效果却不显著，西部地区的财政支农规模甚至呈现出负向效应，这可能是因为中部地区劳动力转移规模大、西部地区地广人稀，生产要素的替代比例高，造成了地方政府财政支农的影响力过小，且西部地区的经济发展主要靠资源型产业带动，地方政府对农业不够重视所导致的。

表8-5　　　　　　　　农业面源污染的区域异质性分析

	东部地区		中部地区		西部地区	
	固定效应	随机效应	固定效应	随机效应	固定效应	随机效应
inc	0.116** (2.33)	0.120** (2.41)	0.213*** (2.77)	0.744*** (3.30)	0.496*** (7.47)	0.511*** (7.32)
as	1.891*** (2.92)	1.942*** (3.00)	0.509 (0.97)	-3.386 (-1.64)	-0.598* (-1.94)	-0.621* (-1.92)
$market$	-0.0338*** (-2.84)	-0.0314*** (-2.64)	-0.0207 (-0.83)	-0.0567 (-0.83)	-0.0104 (-1.02)	-0.00654 (-0.61)

续表

	东部地区		中部地区		西部地区	
	固定效应	随机效应	固定效应	随机效应	固定效应	随机效应
gcg	1.097*** (4.95)	1.108*** (4.99)	0.242 (1.11)	1.232 (1.42)	0.281** (2.49)	0.280** (2.35)
$dcon$	0.00373 (0.11)	0.00570 (0.16)	0.0498 (1.14)	-0.552*** (-3.93)	0.00810** (2.18)	0.00814** (2.08)
$\ln pgdp$	-0.0192 (-0.41)	-0.0195 (-0.42)	0.144 (1.49)	1.480*** (5.17)	0.0681 (1.50)	0.0478 (1.00)
$open$	-0.168*** (-2.68)	-0.173*** (-2.75)	-0.0698 (-0.50)	-0.330* (-1.79)	-0.602*** (-3.41)	-0.629*** (-3.38)
edu	0.0971** (2.41)	0.0869** (2.16)	-0.00200 (-0.04)	-0.777*** (-5.80)	-0.0228 (-0.93)	-0.0135 (-0.52)
常数项	3.228*** (8.65)	3.262*** (6.01)	1.947*** (4.07)	5.086*** (3.44)	0.659*** (2.61)	0.649** (2.08)
观测值	198	198	144	144	252	252
Hausman	8.55		129.02		31.51	
Hausman-p	0.3815		0.0000		0.0002	

第四节 研究结论与政策启示

本章从分析经济主体的利益诉求出发，用政治经济学的视角对农业污染问题进行了理论分析和实证考察。研究得到如下结论：（1）农业污染问题是经济主体最大化自身利益诉求过程中行为选择的结果，农户对经济利益的过度追逐加剧了农业面源污染程度；（2）完善的制度安排能有效抑制农业污染，然而由于地区发展水平和发展模式的差异，制度安排对农业面源污染的影响表现出明显的区域异质性；（3）地方政府的城市偏向造成对农业的财政支持力度不足，直接进行农资补贴的政策也不利于农业污染的治理和改善，且地方政府面临的经济增长激励会加剧这一过程。

　　本章的政策启示主要包括以下几个方面：(1) 明确生态优先、绿色发展和环境治理的主要目标和发展理念，促进农村各级经济主体认识并重视环境利益在长期发展中的作用，提高生态环境利益的价值排序。(2) 健全农村的生态保护和环境治理制度，为农业清洁生产、农村环境改良和绿色发展提供制度保障；同时，完善农业污染防治制度的监督和管理机制，让制度真正发挥促进农业绿色转型的作用。(3) 实行生态优先的财政支农方式，扩大财政支农的力度和规模。一刀切式的资源价格补贴政策不利于农业绿色转型，拨付到农业的财政支持须向生态农业、低碳农业和清洁技术转移，以促进农业的绿色转型；同时逐步消除政策的城市偏向，加大对农村和农业的财政扶持力度，让农村有财力有能力实现绿色转型。(4) 建立多元的政绩考核机制，将生态环境治理和农村农业发展纳入地方政府的绩效评价体系，促进各级政府和地方官员积极参与农业污染的预防和治理。(5) 进一步扩大各地区的对外开放水平，促进经济发展和环境治理之间的区域合作。同时，重视地区的自然生态和经济发展特征，因地制宜地制定农业污染防治政策。

第九章 城乡污染转移的实证研究

城市向农村的污染转移是造成农村生态环境恶化的重要原因（郑易生，2002），城市生活垃圾的倾倒和污染企业生产基地的转移加剧了农村的生态环境压力，资源的输出和青壮年劳动力的出走削弱了农村生态环境的承载和治理能力。城镇化的迅猛发展加速了城乡互动，但是生产要素的交换和流动也加快了城市污染向农村转移的进程，尤其是产业污染向农村的转移愈加频繁（王江、吴维，2016），进而导致农村从"贫穷的富饶"走向"富饶的贫穷"（曹胜亮、黄学里，2011），降低了农村经济社会的发展潜力。生活垃圾和污染企业从城市转移到农村，是牺牲农村环境以净化城市生存空间，牺牲农业生产基础以扩大工业发展平台，不仅违背了城乡一体化的发展战略，也不符合新农村建设的基本要求。2012年以来，中央一号文件每年都提出要促进农业清洁生产、加强农村的生态治理，以改善农业生态条件和农村人居环境。从"加强""加大""全面推进"到"深入开展"，概念演进的背后也反映了农村的污染治理刻不容缓。

根据污染天堂假说，污染企业一般倾向于建立在对环境标准要求较低的地区，以降低环境成本，因此环境标准较低的地区逐渐成为落后企业的污染避难所。对污染转移的相关研究最早是从国家层面展开的，学者普遍认为发达国家通过国际贸易和对外投资的形式将污染产业转移到落后国家的过程隐形地带动了污染的转移（李小平、卢现祥，2010；魏玮、毕超，2011；侯伟丽等，2013），而这一转移过程是造成发展中国家生态条件恶化的主要原因。当然也有学者对跨国资本研究的结果与此相悖（Xing & Kolstad，2002；Javorcik & Wei，2004；许和连、邓玉萍，2012）。Eskeland 和 Harrison（2003）认为结论不一致的主要原因是样本的选择问题，污染天堂假说仅适用于部分污染物而非全部。随着中国经济的发展，学者开始关注中国内部的区域污染转移，目前的研究主要集中于东部、中部和西部地区之间的污染转移情况，甚至认为"东部—西部"经济活动引起的污染转移弹性已经超过了"世界—中国"（林伯强等，2014）。Wu 等（2017）提出"十一五"时期的我国环境强约束导致东部地区污染企业向西部地区转移，孔凡斌等（2017）用长江经济带的数据证明了污染天堂假说，而有些学者对京津冀经济圈（申伟宁等，2017）和西部地区（张成等，2017）的研究则否定了我国区域内部的产业转移存在污染避难所效应。

目前对于城市和农村之间污染转移的实证研究相对较少，相关研究主要集中在分析污染转移发生的内在机理和成因上。其中环境规制强度的不同和经济发展水平差异是被广泛接受的两种主要原因。波特（Porter，1995）提出适当的环境规制政策能激发企业进行技术创新，从而提高劳动生产率，抵消企业成本上升带来的负面效应，最终形成技术扩散促进生产力的发展，被称为波特假说。虽然这一结论得到了部分学者的支持，但是有一部分研究对环境规制作用的稳定性和持续性予以质疑（赵细康，2003；张志辉，2006；许和连、邓玉萍，2012）。学者认为造成研究结论不一致的主要原因包括污染产业的划分方法（陆旸，2012）以及环境规制测度的差异性（List et al.，2004）。还有一些学者认为环境规制水平的差异源于经济发展差距，因此经济发展水平的梯度才是污染转移的前提条件（郑易生，2002；李文强等，2005；孔令丞、李慧，2017），也有部分学者认为污染转移的主要原因是环境的公共性和外部性。污染转移符合市场经济自由交易的原则，却有明显的非道德性和不可持续性，会造成重复落后的现象（舒基元、杨峥，2003）。落后地区对污染更加宽松的管制不仅增加了全国污染总量，而且转移后的污染不能集中治理，削弱了污染治理的规模效应和治理效率（陆铭、冯皓，2014）。

梳理现有文献可以发现，目前对于我国区域内部是否存在污染避难所还没有统一的结论，尤其是城市向农村地区转移的研究还不够丰富。在发达国家向发展中国家、东部沿海地区向中西部落后地区、城市地区向农村地区三种主要的污染转移形式中，城乡污染转移的研究显得十分贫乏。国际和省际的污染转移研究已经多次被经验数据证实，而对于污染在城乡之间转移的理论分析虽然繁多，但基本都缺乏相应的数据证明，说服力不足。本书通过分析城市污染向农村转移的理论机制，使用固体垃圾的贮存填埋和落后企业生产基地的转移两条途径刻画城市向农村的污染转移现实，进而利用相关数据进行验证。

第一节　理论机理与研究假说

与上一章相同，本章也是从政治经济学视角切入，采用物质利益格局变化—主体行为调整—制度安排规范—激励机制设计的理论框架分析城乡污染转移问题。

利益问题是政治经济学的根本问题，城市污染向农村的转移过程就是各级经济主体为满足自身利益诉求的现实结果，是人们在现有制度框架下自身利益最大化的"合理"选择。整体来看，城乡经济发展不平衡导致城市居民和农户需求结构的差异，这种需求结构的差异外在表现为他们不同的利益诉求。城市享受改革开放的红利，率先达到了小康水平，温饱问题解决后优美的生活环境和生态产品就成为满足其美好生活需求的必要选择；而农村在经济发展成果的分配中相对获益较少，农民的收入水平依然落后，对经济利益的诉求领先于生态环境利益。值得强调的是，并非农村居民没有生态环境利益的诉求，只是这种对美好环境的长期诉求被短期经济利益诉求掩盖了。因此，若污染转移能满足农村的经济利益，城乡之间就会发生经济和环境利益的交换；若污染转移不能提高农户收入或改善农民的生活水平，就缺少转移的动力，这是由城乡居民的需求结构差异决定的。

各级经济主体的行为选择是造成城乡污染转移的直接原因。地方政府在农村生态环境保护上面临两难选择：一方面，用以发展的资源是稀缺的，由于农村生态环境保护的难度大且周期长，农村生态环境保护的投资具有竞争性，地方政府多数情况下会采取重城市轻乡村的发展战略，将优势资源集中到城市以实现经济的快速发展，而环境保护和农村发展则被选择性地忽略了。另一方面，农村生态环境质量关系到区域的环境安全和食品安全，是经济稳定发展的前提，一旦爆发重大生态破坏或者环境污染事故，必然会影响政府官员的政绩考核甚至断送其政治前途，因此地方政府有责任也有义务保护农村环境。企业生产以利润为目的，农村宽松的环境管制为成本压缩提供了可能，因此乡镇企业本身并没有创新治污技术的动力和需求。第二次全国污染源普查数据显示，全国工业废气和固体废物排放量中一半以上源自乡镇企业，且乡镇企业污染物排放的增速快于全国平均水平，主要污染物占全国工业污染物排放量的比例逐渐上升。基于第四章的分析，由于自身受教育程度的限制，农户对生态环境的认知不足会造成污染的"欺骗性转移"，城乡之间经济发展水平的差异决定了需求结构的不同层级，进而造成污染的"交易性转移"，而政府的城市偏向会造成污染在城乡之间的"强制性转移"。

制度作为一种利益协调机制，通过正式规则和非正式规则的交互作用规定了人们行为选择的集合，对主体行为形成有效约束。合意的制度能够抑制污染的排放和转移，进而达到保护生态环境的目的，我国对固体污染和气体污染都有严格的制度安排。固体污染防治方面，继1995年全国人民代表大会通过《中华人民共和国固体废物污染环境防治法》之后，环境保护部又推出了《一般工业固体废物贮存、处置场污染控制标准》《危险废物贮存污染控制标准》《危险废物填埋污染控制标准》等多项固体废物的处置标准。气体污染防治的起步更早，1987年全国人民代表大会就通过了《中华人民共和国大气污染防治法》，之后又进行了多次修订，主要对气体污染排放采取总量控制和污染收费制度，之后又相继推出了《大气环境质量标准》《火电厂大气污染物排放标准》《全国机动车尾气排放检测管理制度》《锅炉大气污染物排放标准》等相关气体排放的准则。由于不同污染物的传播扩散渠道不同，制度对其约束强度也会不同，与固体垃圾的可视性和易量化相比，气体污染就更容易扩散，气体污染的扩散不受人为控制，会根据气压、风向等自然因素进行转移，因此制度变量只能约束排污总量，但对其转移过程的影响则不明显。固体废物必须通过人工运输才能实现转移，因此制度对其的约束性就会更强。总体来看，制度因素会影响到城乡之间的污染转移，但是对不同污染物的影响作用不同。

激励机制决定了人们行为选择的主动性和能动性，地方政府面临短期经济和政治考核的双重激励。从地方经济发展来看，地方政府为实现短期的经济增长将优势资源集中到城市而选择性地忽视农村和环境，为城市污染向农村转移提供了助力。然而这种以邻为壑的处理方式不仅没有减少社会污染总量，反而威胁农业的发展，破坏了整个社会的基础，制约经济社会的长期可持续发展。从环境治理看，政府对城乡之间污染监管势差是污染转移的主要动力，地方政府的城市偏向无力制约污染转移行为，这种厚此薄彼的政策偏向造成了城乡污染转移的滥觞。持续的城市偏向会加剧区域发展不平衡，激化社会矛盾，地方政府也会对其进行调整。城市优先发展工业，环境污染水平高于农村，而高密度的人口集聚又不能容纳这种污染水平，因此城市污染治理成为地方政府的重要任务。习近平主席在巴黎气候大会上重申了中国将于2030年左右使二氧化碳排放达到峰值并争取尽早实现，各地官员的政绩考核中又相继推出了生态一票否决制，地方政府在经济绿色转型背景下的治污压力不断增强。地方政府即使拥有足够理性的认知，但是迫于区域竞争和晋升的压力，也依然会优先选择解决城市环境问题。

基于以上理论分析，本章提出三个研究假说：

假说9-1：城乡之间的直接污染转移是城乡各级经济主体基于各自物质利益诉求进行理性选择的结果，城乡利益诉求的差异会影响污染转移。

假说9-2：制度作为一种利益协调机制，会对经济主体的行为选择进行规范，直接影响污染转移的过程。

假说9-3：地方政府具有发展经济和保护环境的双重任务，短期内的经济增长激励会增加城乡之间的污染转移。

第二节　数据选择和模型设定

一　数据选择和指标说明

（一）被解释变量

乡镇企业污染排放量（rp）：乡镇企业是城乡环境问题的一次大转移（郑易生，2002），然而目前并没有公开的乡镇企业污染数据，尽管已经有大量研究证明乡镇企业的污染程度远远高于城市工业，但是由于缺乏连续的时间序列数据，本书假定乡镇企业与其他生产企业具有同等程度的污染水平，采用钟宁烨（2011）的做法用乡镇企业的从业人员数来刻画乡镇企业规模，借鉴朱平芳等（2011）、沈坤荣等（2017）的做法将工业二氧化硫作为污染排放的代理变量。本书首先计算了乡镇企业规模在地区就业人员中的比重，近似估算乡镇企业污染排放量在地区总量中的占比，然后乘以地区污染排放的总量，刻画出乡镇企业的排污水平。显然，这种算法明显低估了乡镇企业的排污量，但是如果在明显低估时的经验数据都能证明乡镇企业促进了城乡污染，那实际情况只能更加显著。具体的计算公式如下：

$$rp_{it} = \ln\left(\frac{\sum_1^j employee_{it}}{\sum_1^j labor_{it}} \times polluttion_{it}\right) \quad (9-1)$$

其中$employee_{it}$代表乡镇企业每个行业的从业人员数，$labor_{it}$代表地区从业人员总数，$polluttion_{it}$代表地区工业二氧化硫排放总量。其中，乡镇企业数据来自历年《中国农业年鉴》，地区从业人员数来自各地区的统计年鉴，工业二氧化硫数据来自《中国环境统计年鉴》《中国环境年鉴》，缺失部分由《新中国六十年统计资料汇编》补充。

城市固体垃圾转移（stock）[①]：城市向农村的垃圾转移数量无法直接获得，未能有效处理的固体垃圾一般选择在人口密度小的地方进行贮存，而这些人口密度小的地区一般都在城郊附近的农村地区，因此本书采用地区一般工业固体垃圾贮存量的对数值作为城市向农村直接转移污染的代理变量。

（二）核心解释变量

城乡利益格局（comr）：家庭收入是决定城乡居民利益能否被满足

---

① 固体垃圾主要为固体废物，此处指固体垃圾。

的关键，本书借鉴以往文献中的做法（李学增、程学斌，1997；洪远朋、陈波，2008），用收入作为城乡居民利益的代理变量。因为城乡污染的转移取决于二者的利益差距，因此本书用城乡收入的比值来刻画城市和乡村的利益诉求差距。

政府行为（gov）：财政支出是地方政府管理地方经济运行的重要手段，本书采用财政支出在地区 GDP 中的占比来刻画地方政府的行为选择。

制度变量（$market$）：本书采用樊纲等（2011）、王小鲁等（2016）所测度的市场化指数，邓宏图等（2016）和董利红等（2015）也曾用它来描述制度变量。

经济增长激励（gcg）：政府面临区域竞争和政绩考核的激励，其中地区 GDP 的增长是重要的考察方面，本书用地区 GDP 的增长速度来表示区域面临的经济增长激励。

（三）控制变量

经济开放程度（$open$）：进出口总额在地区 GDP 中的占比；

经济发展水平（$lnpgdp$）：地方经济发展水平选择地区实际人均 GDP 的对数；

城镇化（urb）：城市人口占区域总人口的比重；

经济结构（$sgdp$）：第三产业在地区 GDP 中的占比。

以上控制变量相关数据均来自相关年份《中国统计年鉴》以及各个地区的统计年鉴。

综上所述，总结如表 9-1。

表 9-1　　　　　　　　　主要变量及其计算方式

变量名称	变量含义	计算方法
rp	乡镇企业污染排放量	乡镇企业从业人员占比与工业二氧化硫排放总量的乘积

续表

变量名称	变量含义	计算方法
$stock$	城市固体垃圾转移	工业固体废物贮存量的对数值
$comr$	城乡利益格局	城乡人均收入的比值
gov	政府行为	财政支出在地区 GDP 中的占比
$market$	制度变量	市场化指数
gcg	经济增长激励	地区 GDP 的增长速度
$lnpgdp$	经济发展水平	人均地区 GDP 的对数值
$sgdp$	经济结构	第三产业在地区 GDP 中的占比
$open$	经济开放程度	进出口总额在地区 GDP 中的占比
urb	城镇化	城市人口在总人口中的占比

由于制度变量是从 1997 年开始测算的，本书所有变量均采取 1997—2014 年的省际面板数据。以上数据均来自相关年份《中国统计年鉴》《中国农村统计年鉴》《中国农业统计年鉴》和《新中国六十年统计资料汇编》、各省份的地方统计年鉴。由于本章的部分解释变量和控制变量与第八章相同，制度变量、经济增长激励、经济开放程度、经济发展水平上一章已经做过描述性统计的变量这里不再重复，表 9-2 仅列出本章新增变量的描述性统计。

表 9-2　　　　　　数据的描述性统计

	均值	中位数	最大值	最小值	标准差	观察值	横截面单元
城市固体垃圾转移	6.126247	6.555355	9.96225	-4.60517	1.710868	528	30
乡镇企业污染排放量	11.12928	11.39	13.28	6.8	1.282043	539	30
城乡利益格局	2.864363	2.8028	4.7586	1.5992	0.6221826	539	30
政府行为	16.76187	15.291	40.216	5.1249	7.167887	539	30
城镇化	0.4338167	0.3966	0.9033	0.1718	0.1670576	539	30
经济结构	0.40746	0.3966	0.779	0.287	0.0755331	539	30

二 计量模型的构建

根据前文的理论分析和假说,本部分构建了如下实证模型:

$$Y_{it} = \beta_0 + \beta_1 comr + \beta_2 gov + \beta_3 market + \beta_4 gcg + \sum_1^j \alpha_j X_{it} + \gamma_i + \mu_t + \varepsilon_{it}$$

其中,Y_{it} 为被解释变量,分别表示城市固体垃圾转移,以及通过生产企业间接转移的气体污染。comr、gov、market、gcg 分别表示城乡利益格局、政府行为、制度变量以及经济增长激励四个核心解释变量,下标 i 和 t 分别表示第 i 个省份和第 t 年,X_{it} 为其他的控制变量矩阵,包括经济发展水平、经济开放程度和劳动力质量。γ_i 表示时间固定效应,μ_t 表示个体固定效应,ε_{it} 为与时间、地区无关的残差项。

第三节 实证结果及解释

一 数据的单位根检验

鉴于面板数据时间和空间的双重维度特征,其非平稳性可能会导致估计偏误,需要先对城乡污染转移的面板数据进行平稳性检验。与上一章相同,本书依然采用 Levin（2002）提出的 LLC 法、Maddala 和 Wu（1999）提出的 ADF-Fisher 法和 PP-Fisher 法进行变量序列的面板单位根检验,进而按照多数原则进行决策。由于本章的部分解释变量以及控制变量与第八章完全相同,且前文已经做过单位根检验,故本章仅对新增变量进行面板单位根检验。表 9-3 报告了新增变量的单位根检验,结果显示:考察代表乡镇企业污染排放量的代理变量或不存在单位根过程,或差分后的统计量不存在单位根过程,属于一阶单整序列,因此可以进行进一步的分析和检验。代表城市固体垃圾转移、城镇化和经济结构的代理变量存在单位根过程，属于非平稳序列，而差分后的统计量不存在单位根过程，属于一阶单整序列，因此可以进行进一步的分析和检验。

表9-3　　　　　　　　面板数据单位根检验

变量/指标	LLC	ADF-F	ADF-PP	变量/指标	LLC	ADF-F	ADF-PP
$stock$	-1.76326 (0.0389)	75.6325 (0.0840)	62.7359 (0.3795)	$\Delta stock$	-16.2890 (0.0000)	309.765 (0.0000)	685.889 (0.0000)
rp	-2.50509 (0.0061)	102.890 (0.0005)	116.594 (0.0000)	Δrp	-15.5998 (0.0000)	292.563 (0.0000)	317.582 (0.0000)
$comr$	-2.49468 (0.0063)	67.1909 (0.2444)	105.849 (0.0002)	$\Delta comr$	-1.30312 (0.0963)	92.2313 (0.0047)	112.895 (0.0000)
gov	-2.96363 (0.0015)	77.0901 (0.0678)	115.807 (0.0000)	Δgov	-2.07002 (0.0192)	105.230 (0.0003)	342.770 (0.0000)
urb	0.85244 (0.8030)	37.2270 (0.9908)	35.0333 (0.9959)	Δurb	-12.0954 (0.0000)	224.504 (0.0000)	277.853 (0.0000)
$sgdp$	-1.66086 (0.0484)	73.9382 (0.1065)	56.4449 (0.6064)	$\Delta sgdp$	-8.91676 (0.0000)	141.792 (0.0000)	149.972 (0.0000)

二　面板数据协整检验

变量序列单位根检验过程表明其为平稳序列或一阶单整序列，可以进一步进行变量序列的协整关系检验，为后文的实证分析提供基础。与上一章相同，本章依旧采用 KAO 检验法检验变量序列间的协整关系，检验结果表明，以城市固体垃圾转移为解释变量的变量序列：t 统计量为 -2.181689，伴随概率为 0.0146；以乡镇企业污染排放量为解释变量：t 统计量为 -4.363902，伴随概率为 0.0000。因此，可以判断变量序列至少在5%的显著性水平上存在协整关系。

三 基准模型回归

本章采用全国省级面板数据,对固体污染和气体污染进行检验,依照计量模型进行的基准回归结果如表9-4所示,根据Hausman检验结果,均应采取固定效应模型来解释。实证检验的结论与前文理论分析基本一致,城乡利益格局、政府行为、制度变量和经济增长激励均对城乡之间的污染转移产生了显著影响。其中经济增长激励对城乡污染转移发挥了显著的正向促进作用,而制度变量则发挥了显著的抑制作用,城乡利益格局和政府行为对不同污染物的影响作用具有一定的异质性。

表9-4 基准模型回归

	固体污染固定效应	固体污染随机效应	气体污染固定效应	气体污染随机效应	固体污染固定效应	固体污染随机效应	气体污染固定效应	气体污染随机效应
$comr$	-0.554*** (-4.13)	-0.463*** (-3.60)	0.425*** (6.21)	0.389*** (5.75)	-0.539*** (-4.17)	-0.390*** (-3.12)	0.408*** (5.96)	0.383*** (5.65)
$market$	-0.231*** (-8.50)	-0.240*** (-9.19)	-0.0134 (-0.98)	-0.00257 (-0.19)	-0.466*** (-10.42)	-0.421*** (-9.54)	-0.0556** (-2.46)	-0.0418* (-1.84)
gcg	1.534** (2.43)	1.416** (2.23)	0.899*** (2.83)	0.959*** (2.99)	1.015 (1.57)	0.857 (1.31)	0.848** (2.51)	0.853** (2.48)
gov	0.0658*** (7.35)	0.0664*** (7.65)	-0.00858* (-1.88)	-0.0119*** (-2.63)	0.00404 (0.33)	0.0170 (1.43)	-0.0138** (-2.12)	-0.0164** (-2.55)
$\ln pgdp$					1.017*** (7.34)	0.880*** (6.44)	0.0414 (0.57)	0.0440 (0.61)
$open$					0.478 (1.48)	-0.0865 (-0.29)	0.425*** (2.67)	0.414*** (2.66)

续表

	固体污染固定效应	固体污染随机效应	气体污染固定效应	气体污染随机效应	固体污染固定效应	固体污染随机效应	气体污染固定效应	气体污染随机效应
urb					-1.556** (-2.34)	-1.737*** (-2.71)	0.852** (2.43)	0.729** (2.10)
sgdp					2.085* (1.74)	0.357 (0.31)	0.929 (1.46)	0.635 (1.01)
_cons	7.862*** (22.62)	7.562*** (17.98)	10.01*** (56.54)	10.09*** (38.10)	0.291 (0.25)	1.546 (1.31)	9.145*** (14.80)	9.323*** (14.45)
N	529	529	540	540	529	529	540	540
R^2	0.193		0.129		0.274		0.160	
Hausman	15.52		15.37		29.42		26.64	
Hausman-p	0.0084		0.0089		0.0005		0.0016	

注：括号中为 t 统计量。*、**、*** 分别表示在 10%、5%、1% 水平上显著。

表9-4的结果显示，核心解释变量城乡利益格局和政府行为对城乡之间不同污染物的影响方向存在一定差异。城乡利益格局显著减少了城市固体垃圾的转移，却显著增加了乡镇企业污染排放量即气体污染的转移，而地方政府行为显著增加了固体垃圾在城乡之间的转移，却有效减少了乡镇企业污染排放量，这可能是与两种污染物带来的成本和回报有关。固体垃圾点的贮存和填埋是由政府主导，城乡居民从中得到的经济回报极其有限，因此城乡利益格局对其有明显的抑制作用，而政府行为则具有明显的正向促进作用。此外，城乡收入差距作为城乡发展不平衡的一种外在表现，反映了城乡在交通、通信以及环保为代表的基础设施建设的不平衡。研究表明，基础设施建设能有效抑制城乡收入差距的扩大（骆永民，2010；刘晓光等，2015；邵燕斐、王小斌，2015）。因此城乡收入差距越大，农村基础设施建设越落后，城市向农村运送固体垃圾的成本就越高，反向抑制了城乡之间的固体垃圾转移。本书采用的气体污染转移为乡镇企业污染排放量的代理变

量，因此气体污染转移规模本身也代表了乡镇企业的规模，乡镇企业能吸纳农村的剩余劳动力，增加农民收入，给农村居民带来了可观的经济回报，政府虽然有一定的税收收入，只是由于乡镇企业的管理一直不够规范，其经济回报相对较少。因此，城乡收入差距越大，越有利于污染企业向农村的转移，这也隐形地将污染转移到了农村，政府行为虽然有一定的抑制作用，但是其影响力微乎其微。

从影响力上来看，地方政府面临的经济增长激励机制对城乡污染转移的影响力最大，且对城乡固体垃圾转移的作用力要强于乡镇企业污染排放量即气体污染转移；制度变量显著抑制了污染从城市向农村的转移，而且对城市固体垃圾转移的作用力更强，这应该是基于城市固体垃圾转移的可视性和长周期的特征，其转移过程易于监督和规范，而废气随风飘散不易监管。制度规范和政府管理虽然对其有显著性作用，但作用力相对较弱。一方面，说明了制度规范对城乡污染转移的有效规范，单一激励机制对城乡污染转移具有明显的促进作用；另一方面，说明了固体污染和气体污染的转移路径不同，各影响因素的作用程度也呈现一定差异。从控制变量看，经济发展水平以及经济结构显著增加了城乡固体垃圾转移，经济开放程度和城镇化水平显著增加了乡镇企业污染排放量即气体污染在城乡之间的转移。这同样验证了固体垃圾和气体污染两种转移方式的区别，固体垃圾转移存在较高的运输成本，依赖于交通等基础设施和地区发展情况，而气体污染作为乡镇企业这种隐形转移的代理变量，对区域经济的开放性和流通性更为敏感。

四 稳健性检验

（一）因变量的代理变量

考虑到不同地区的自然禀赋差异，区域面积决定了本地区的固体垃圾贮藏能力,地域辽阔的地区更容易成为天然的固体垃圾填埋场,因此本书采用单位面积的固体垃圾贮藏量作为城市固体垃圾转移的代理变量,对城乡污染转移效应进行稳健性检验(如表9-5所示),结果与前文基本一致,证明研究结果相对稳健。比较表9-4和表9-5可以发现,解释变量对面积调整之后的城乡固体垃圾转移影响力变小,这不仅说明与地区的固体垃圾承载能力有关,更重要的是也说明核心解释变量的影响作用具有稳健性。在气体污染转移方面,考虑到乡镇企业工业二氧化硫在废气排放中的比例较小,因此本书采用乡镇企业分摊的二氧化碳排放量作为其代理变量,对城乡气体污染转移效应进行稳健性检验。与基准效应回归的结果比较发现,核心解释变量对其仍然具有显著影响,检验结果具有稳健性。只是制度变量和政府行为对气体污染的影响方向发生了变化,这可能是因为乡镇企业的性质所导致的,地处农村的生产企业多为农产品加工业和初级手工业,生产过程的能源消耗偏向不同引起两种污染物排放量的差异。

表9-5　　　　　　　　　稳健性检验

	固体污染 固定效应	固体污染 随机效应	气体污染 固定效应	气体污染 随机效应	固体污染 固定效应	固体污染 随机效应	气体污染 固定效应	气体污染 随机效应
$comr$	-0.554*** (-4.13)	-0.561*** (-4.53)	0.245*** -4.34	0.208*** -3.65	-0.539*** (-4.17)	-0.480*** (-3.97)	0.261*** -4.73	0.237*** -4.27
$market$	-0.231*** (-8.50)	-0.216*** (-8.61)	0.139*** -12.52	0.150*** -13.42	-0.466*** (-10.42)	-0.416*** (-9.67)	0.0547*** -2.98	0.0658*** -3.53
gcg	1.534** -2.43	1.561** -2.49	0.303 -1.16	0.364 -1.35	1.015 -1.57	0.972 -1.5	0.0229 -0.08	0.0205 -0.07
gov	0.0658*** -7.35	0.0604*** -7.19	0.0296*** -7.74	0.0261*** -6.74	0.00404 -0.33	0.0108 -0.94	0.0139*** -2.7	0.0108** -2.09
$\ln pgdp$					1.017*** -7.34	0.893*** -6.7	0.256*** -4.44	0.266*** -4.54

续表

	固体污染固定效应	固体污染随机效应	气体污染固定效应	气体污染随机效应	固体污染固定效应	固体污染随机效应	气体污染固定效应	气体污染随机效应
open					0.478 -1.48	0.148 -0.51	0.131 -1.04	0.14 -1.11
urb					-1.556** (-2.34)	-1.643*** (-2.67)	0.843*** -3.05	0.700** -2.51
sgdp					2.085* -1.74	1.018 -0.9	-0.358 (-0.68)	-0.551 (-1.04)
_cons	5.073*** -14.59	5.036*** -13.34	6.919*** -48.09	7.001*** -30.09	-2.499** (-2.13)	-1.384 (-1.21)	4.975*** -9.95	5.070*** -9.44
N	529	529	535	535	529	529	535	535
R²	0.193		0.636		0.274		0.67	
Hausman	7.06		30.86		19.82		35.24	
Hausman-p	0.216		0		0.0191		0.0001	

注：括号中为 *t* 统计量。*、**、*** 分别表示在10%、5%、1%水平上显著。

（二）区域异质性检验

基于我国区域发展不平衡的现实，各地区的经济发展结构和路径也不尽相同，因此必须对城乡污染转移的区域异质性进行分析。表9-6和表9-7分别报告了对东部地区、中部地区和西部地区的固体垃圾和气体污染转移效应的回归结果。比较基准效应和区域效应的回归结果可以发现，核心变量对固体垃圾和气体污染转移的影响作用依旧显著，说明回归结果基本稳健，同时各个解释变量对三大区域的影响力也表现出一定的区域异质性。

表9-6　　　　　　　固体垃圾的区域异质性分析

	东部地区固定效应	东部地区随机效应	中部地区固定效应	中部地区随机效应	西部地区固定效应	西部地区随机效应
comr	-2.019*** (-3.69)	-1.342** (-2.53)	-0.536*** (-3.19)	-0.770*** (-4.05)	-0.532*** (-4.37)	-0.339*** (-2.62)

续表

	东部地区固定效应	东部地区随机效应	中部地区固定效应	中部地区随机效应	西部地区固定效应	西部地区随机效应
$market$	-0.551*** (-5.35)	-0.456*** (-4.55)	-0.146 (-1.56)	0.0369 (0.57)	-0.270*** (-4.20)	-0.136** (-2.23)
gcg	2.856 (1.46)	1.844 (0.93)	0.637 (0.74)	2.749*** (2.78)	1.265* (1.96)	0.848 (1.10)
$lnpgdp$	0.954*** (2.84)	1.045*** (3.05)	-0.170 (-0.55)	-0.887*** (-3.48)	0.617*** (4.43)	0.345** (2.50)
$open$	0.933* (1.84)	0.524 (1.04)	0.772 (0.42)	-7.705*** (-4.46)	-1.453 (-1.47)	-2.656** (-2.43)
gov	-0.0735** (-2.33)	-0.0643** (-2.01)	0.148*** (4.50)	0.200*** (7.00)	0.0214* (1.85)	0.0301*** (2.59)
urb	4.739** (2.28)	1.479 (0.77)	-3.946*** (-3.33)	-0.803 (-1.14)	-1.742*** (-2.78)	-0.676 (-1.27)
$sgdp$	5.633 (1.43)	0.622 (0.17)	2.406 (1.64)	0.695 (0.51)	2.262* (1.80)	-0.529 (-0.37)
$\_cons$	-0.0590 (-0.02)	0.391 (0.12)	8.802*** (3.89)	14.33*** (7.94)	3.452*** (2.99)	5.331*** (4.34)
N	187	187	144	144	197	197
R^2	0.356		0.360		0.392	
Hausman	18.32		57.86		69.68	
Hausman-p	0.0316		0.0000		0.0000	

注：括号中为 t 统计量。*、**、*** 分别表示在10%、5%、1%水平上显著。

比较固体污染转移的回归结果可以发现，城乡利益格局、制度变量的作用方向在三个区域与整体全部一致，而东部地区城乡利益格局和制度的影响力均高于中部地区和西部地区。经济增长激励对东部地区的影响虽然不再显著，但依然发挥正向促进作用，而政府行为在东部地区则发挥了抑制作用。这说明，经济水平领先的东部地区已经跨越了 GDP 竞赛阶段，政府管理目标更倾向于环境保护和区域平衡。比较气体污染转移的回归结果发现，城乡利益格局依然显著促进了三大区域的气体污染转移，制度变量对区域的影响作用虽然不再显著，但其影响方向也与基准回归结果完全一致。政府行为显著抑制了东部地区的气体污染转移，这也进一步说明了率先发展起来的东部地区更加关注城乡平衡发展和环境保护。

表9-7　　　　　　　　　废气排放的区域异质性分析

	东部地区固定效应	东部地区随机效应	中部地区固定效应	中部地区随机效应	西部地区固定效应	西部地区随机效应
$comr$	0.548*** (3.25)	0.531*** (3.15)	0.633*** (4.81)	1.017*** (5.06)	0.356*** (3.36)	0.298*** (2.72)
$market$	-0.0284 (-0.90)	-0.00987 (-0.31)	0.0851 (1.16)	-0.0384 (-0.56)	-0.0287 (-0.52)	0.0490 (0.87)
gcg	0.511 (0.85)	0.334 (0.54)	-0.852 (-1.26)	0.849 (0.81)	0.847 (1.51)	0.907 (1.52)
$\ln pgdp$	0.0835 (0.78)	0.0829 (0.76)	-0.488** (-2.03)	0.481* (1.78)	0.00259 (0.02)	-0.121 (-0.98)
$open$	0.314** (2.11)	0.318** (2.09)	3.615** (2.54)	-7.103*** (-3.89)	1.839** (2.14)	1.370 (1.52)
gov	-0.0589*** (-5.80)	-0.0606*** (-5.84)	0.00834 (0.32)	-0.0490 (-1.62)	-0.0152 (-1.51)	-0.0130 (-1.27)
urb	0.956 (1.50)	0.857 (1.37)	1.693* (1.82)	-1.658** (-2.23)	0.727 (1.34)	0.867 (1.63)
$sgdp$	0.183 (0.15)	-0.764 (-0.63)	-2.444** (-2.12)	2.427* (1.68)	3.840*** (3.52)	3.526*** (3.06)
_$cons$	9.389*** (9.09)	9.798*** (8.95)	13.53*** (7.62)	5.242*** (2.74)	7.889*** (7.86)	8.917*** (8.46)
N	198	198	144	144	197	197
R²	0.353		0.281		0.188	
Hausman	18.21		92.54		32.25	
Hausman-p	0.0197		0.0000		0.0002	

注：括号中为 t 统计量。*、**、***分别表示在10%、5%、1%水平上显著。

第四节 研究结论与政策启示

区域发展不平衡和生态环境退化是新时代中国特色社会主义的特征之一,城市向农村的污染转移是造成农村生态环境质量下降的重要原因,有悖于经济的长期可持续发展和平衡发展。本章从政治经济学利益分析的视角切入,对城市向农村的污染转移问题进行理论分析和实证考察。研究得到如下结论:(1)各级经济主体内在的利益诉求是造成城乡污染转移的根本驱动力,利益诉求的差异是导致污染从城市转移到农村的根本原因,而且城乡利益诉求的差距对不同污染物的转移存在异质性;(2)政府行为对城乡污染转移会产生影响,且影响方向与污染物的类型有关,政府行为显著减少了气体污染的转移,却对固体污染转移作用不明显;(3)合意的制度安排能有效抑制固体污染在城乡间的转移,对气体污染却呈现出一定的促进作用,而且制度安排会根据经济发展模式和发展水平的差异表现出一定的区域异质性;(4)地方政府的经济增长激励会促进固体污染和气体污染从城市向农村的转移,从污染物来看,经济增长激励对转移固体垃圾的影响作用更强;从地区发展水平看,经济增长激励在经济发展落后地区对城乡污染转移的影响更加显著。

基于以上研究,本章的政策启示主要包括以下几个方面:(1)应大力发展农村经济,缩小城乡收入差距,协调城乡利益格局,促进城乡经济的一体化和生态环境的协同治理;(2)完善生态环境保护制度,为城市和农村的环境治理提供保障;(3)建立多元的政绩考核机制,将城乡平衡发展和环境保护纳入地方政府的绩效考核体系;(4)因地制宜地制定农村生态环境保护策略,各个区域的生态环境问题存在明显的异质性,不能采取一刀切的环境保护政策,应根据不同污染物特性以及区域发展特征制定合理的环境治理政策体系。

第十章　改善中国农村生态环境的政策建议

中国改革开放后用四十多年时间走完了西方发达国家几百年的发展道路，在创造经济增长奇迹的同时，发展矛盾和社会问题也呈现出时空压缩的特征，尤其在农村生态环境保护工作上必须有非常之举，才能实现向高质量发展的转型。习近平总书记指出，新时代必须坚持节约优先、保护优先、自然恢复为主的方针，形成节约资源和保护环境的空间格局、产业结构、生产方式、生活方式，还自然以宁静、和谐、美丽（习近平，2017）。

第一节　整合利益关系，城乡协作推进农村绿色发展

1. 充分发展，促进经济利益和环境利益的相互融合。长期对经济利益的片面追求是造成农村生态环境恶化的重要原因，新时代要将环境保护融合为经济发展的内生变量，建立"绿水青山就是金山银山"的绿色财富观，让优美的生态环境成为促进农村发展的引擎，促进农村地区实现更加充分更加美丽更可持续的高质量发展。首先，以产业

园为依托发展生态农业。生态农业园是生态农业的集中体现形式，通过农业生产的多元化、专业化实现农业生产经济效益、社会效益和环境效益的统一。农业生态园综合了农作物以及经济作物种植和水产品养殖，种植和养殖中产生的废弃物刚好为对方产业提供生产要素，实现了小范围资源和废弃物的循环利用，减少农业生产过程中的污染排放。其次，发展乡村旅游，充分发挥绿色财富的造血功能。农业作为生态产业，本身就具有生产和观光的双重功能。乡村旅游将第一产业和第三产业相结合，将农业生产过程中溢出的环境效益分享给城市居民，促进城市经济利益向农村的回流和补偿。通过渔乡、花乡、果乡、农乡等田园风光，结合乡村民俗文化和当地的地理资源，建设集农业观光、农技的学习教育为一体的农村旅游产业。通过劳作、采摘、垂钓、喂养等参与体验，发挥生产的休闲度假和疗养健身的功能，以现代农业为平台大力发展农村的绿色生产力。

2. 平衡发展，促进区域利益和整体利益的协同推进。整合城乡区域利益，确保整体利益和各区域利益的目标一致，促进城乡经济的平衡发展。重视发展的公平正义，应将发展资源优先向农村倾斜，通过工业反哺农业、城市反哺乡村的方式发展农村经济。首先，加大农村地区的教育投入，完善农村职业教育和基础教育。利用职业培训提高农户的劳动力质量，逐步抬高农民的劳动力价格，同时通过再教育提高农户信息搜集和分析的能力，促进城乡信息流通，缩小城乡收入差距。增加农村地区的教育投入，逐步提升农村人力资本，使农民有能力有意愿参与政策制定，提高农民的政策影响力。其次，提高农户收入，缩小城乡经济差距。经济基础决定上层建筑，农民需求结构能否升级，关键在于其收入水平能否得到提升。促进农村剩余劳动力转移，通过进城务工或者本地再就业形式增加农民收入。同时调整农业生产结构，培育农村新型产业，使农业与工业在产业上互补，农民与市民在待遇上平等,农村与城市在政策上一致,提高农民的收入水平,让农民真正享受到我国经济发展的成果,促进农民需求结构的加速升级。

3. 统筹规划,整合长期利益和短期利益的协调统一。农村生态环境治理是一个长期的工程,长期投入和短期回报的矛盾是造成生态修复和环境保护工作一直停滞不前的重要原因。首先,综合考虑各代际的综合整体利益,制定长期生态规划。生态环境治理必须在考虑当代人利益的同时,也考虑子孙后代的利益,为后代留下足够其发展的自然资源和环境基础,促进环境和经济的代际公平,不仅要建设好我们的地球,还要给子孙留下更美丽的地球。其次,转变观念,构建长效持续的环境利益观。树立人与自然、当代人与后代人和谐相处的生态利益观,将绿色环保的发展理念内化为政府执政管理的精神信念与企业家庭的行为态度。强化媒体宣传的深度和广度,使生态破坏和环境污染的危害广为人知,培育生态建设和环境保护的理念,并将其内化为全体社会成员共同的价值观,让农村,尤其是生态脆弱区的农村认识到,美好的生态环境也是财富,是更可持续更有潜力的绿色财富。发挥生态环境作为自然生产力的作用,将作为绿色财富的优美环境转化为绿色生产力,促进农村的长期可持续发展。

第二节 规范主体行为,减少污染总量,限制污染转移

1. 引导企业清洁生产,推动工业企业的节能减排。粗放的生产方式是造成环境污染的主要原因,促进生产企业向清洁化、无害化转型是生态修复和环境保护的必经之路。制造业、采矿业等工业生产活动是对生态破坏最严重、环境污染程度最高的行业,加强工业企业的清洁技术研发和推广是解决环境问题不可或缺的政策选择。促进资源回

收和替代技术的研发应用,提高资源产出效率,不断降低生产活动对自然资源的依赖,逐步提高资源环境的再生能力。创新生产工艺和组织方式,推动工业产业生态园区的试点,实现企业间废气、废水和能量的循环利用,从资源—产品—废弃物的单向生产变成资源—产品—再利用资源的循环生产,从源头上减少环境污染,实现生产清洁和产品清洁。对整个经济结构进行顶层设计,在各行业、各区域发展循环经济,加快资源和产品流通,促进生产中的物质减量化和废物再利用,实现全社会经济发展的绿色转型。同时,促进企业信息公开,及时公布企业排污数据,逐步消除环境影响的滞后效应,使企业在发展中同时关注经济利益和环境利益,促进企业向低碳环保转型。

2. 鼓励家庭绿色消费,通过市场驱动促进环境保护。"消费的能力是消费的条件,因而是消费的首要手段,而这种能力……是一种生产力的发展"(马克思,1998),消费的绿色转型必然会拉动经济发展模式向环保低碳转变,是加快绿色发展实践的有效手段。首先,加大宣传力度,普及环保理念,使绿色消费真正成为公众意识。绿色消费是一种对社会环境最负责任的、可持续的消费方式(张维庆,2009)。随着环保意识的深入人心,绿色消费、低碳出行必将成为家庭消费选择的一种潮流和时尚。我国绿色消费起步晚,目前的普及程度还不够。应加大媒体宣传力度,使绿色消费真正成为公众意识,消费者自发自觉地用资源消耗低的消费品代替资源消耗高的消费品,适度消费代替过度消费,在效用评价层面提高绿色消费的地位。其次,培育绿色市场,建立健全绿色家居、绿色建材、绿色食品、低碳出行等以绿色消费为主题的市场交易平台,保证绿色产品的市场供给,提升绿色产品和环保服务的市场交易数量和交易效率。

3. 规范政府行为选择,加强对生态破坏和环境污染行为的监督管理。地方政府发挥着经济实体和政治实体的双重职能,在农村生态修复和环境治理过程中更重要的是发挥政治实体的监督管理职能。作为经济实体,在各级政府中推行绿色采购、推进绿色办公,带动市场需求向环保低碳转型。建立政绩考核的追评机制,对地方官员离任后的长期生态效应进行评估,并给予生态奖励或生态追责,从而转变地方政府官员的执政理念,减少地方经济建设中只为追求短期效果的面子工程,大力推行生态环境保护的一票否决制,让绿水青山成为倒逼地方经济发展的"压力阀"。作为政治实体,政府的监督和管理是提高农村环境质量的关键。各级经济主体在生产和消费中的行为选择直接决定了经济建设的环境效应,利益引导、制度约束和激励推动的最终目的都是规范主体行为选择,只有完善的监督管理机制才能确保各项政策的落实。必须保持环境监管和执法部门的独立性,严厉打击不符合法律法规的生产经营行为,提高对违法违规行为的处罚力度,通过严格的执法过程提高人们对于生态文明建设的法律认识和重视程度。

第三节 完善制度安排,保障农村经济实现绿色转型

1. 强化制度创新,完善制度供给。制度是促进农村生态环境保护的重要保障,马克思指出"人们愈会重新地不仅感觉到,而且也认识到自身和自然界的一致……但是要实行这种调节,单是依靠认识是不够的。这还需要对我们现有的生产方式,以及和这种生产方式连在一起的我们今天的整个社会制度实行完全的变革"(马克思,1971)。制度建设的不完善是农村生态破坏和环境污染行为不能被有效制止的重要原因,建立健全环境保护制度,及时规范环境行为,使环境保护有法可依、有法能依,消除经济建设对环境的污染和破坏。制度规范了

人们行为选择的边界，城乡污染的协同治理离不开制度约束。首先，加强制度建设，规范企业转移行为。建立健全企业转移制度，对生产基地向农村转移的企业进行严格审查，保证生产转移的同时进行治污设备和技术同步转移。其次，完善乡镇企业的排污制度。扩大对乡镇企业治污的资金和技术支持，完善乡镇企业排污的制度规范，发挥污染治理的规模效应和集聚效应，降低乡镇企业的治污成本。再次，加强制度创新，以制度红利促进农村经济发展。通过制度创新使生产者和消费者"合理地调节他们和自然之间的物质变换，把它置于他们的共同控制之下，而不让它作为一种盲目的力量来统治自己；靠消耗最小的力量，在最无愧于和最适合于他们的人类本性的条件下来进行这种物质变换"（马克思，2004）。积极推动农产品价格支持制度、生态农业管理制度和农村土地产权制度等制度创新，通过释放制度红利促进农村经济发展，使农村不仅有意愿而且有能力进行污染治理和环境保护。

2. 完善制度监管，提高执行效率。制度的落实需要监督和管理，全方位、多手段地对城乡污染行为进行监督，是提高制度执行效率的必要措施。我国环境制度虽然起步较早，然而制度监督与制度管理不到位，且城乡环境监管能力和监管水平差异很大，导致制度的执行率低，效果不够显著。首先，消除城乡环境监管势差，确保环境制度的执行效果。加强农村基础设施建设，促进城乡信息流通，同时地方政府还可组织专门的监督小组，对乡镇企业不定期抽查，提高农村环境制度的执行力度。其次，发动公众参与，提高监管水平。明确农户监督和举报的权利，鼓励农户积极参与对乡镇企业的排污监督，构建公众监督和政府监督为一体的监督和管理模式，提高监管水平。同时促进绿色建设的信息公开，及时向公众公布项目建设的环境影响、绿色建设资金的分配使用情况以及环境保护的相关政策规定，促进绿色发展中的民众参与，形成政府、社会和公众参与为一体的立体化制度监管体系。最后，创新监管手段，提高监管效率。建立健全生态建设的制度监督体系，积极促进生态建设的操作规范、实施细则和管理章程的规则制定，利用互联网、移动客户端等新兴科技创新监管手段，结合传统媒体监督，促进违法排污行为曝光的及时性和广泛性，提高城乡污染的监管效率。

第四节 优化激励机制，城乡共同参与生态环境保护

1. 通过生态补偿等方式对农村生态修复和环境保护的行为进行物质激励。显性激励机制通过货币补偿的方式改变人们行为选择的经济报酬结构，从而激励公众积极参与生态修复和环境保护。短期的低经济回报是公众不愿参与的主要原因，加大对生态保护和环境污染的奖惩力度，消除环境外部性造成的投入回报比例失衡，将环境保护的经济利益合理分配到各类人群、各个地区和不同代际。首先，完善农村生态补偿机制，促进城乡协同治理环境污染。建立生态补偿专项基金，为城乡污染治理提供资金保障。建立污染转移治理的专项基金，并积极借鉴国际经验，创新金融方式，逐步扩大城乡污染治理的基金规模，确保落后地区污染治理的资金投入。其次，提高生态补偿标准，扩大生态补偿覆盖面。生态补偿的标准过低，就很难调动公众和企业参与污染监督和治理的热情。提高生态补偿标准，扩大生态补偿的覆盖面，加大对清洁生产和污染排放企业的奖惩力度，完善污染治理的经济激励，使企业自觉自愿地参与污染治理。最后，突出资源环境的代际补偿和区域补偿，促进生态补偿的制度化与规范化，通过生态补偿调整经济利益和环境利益的关系。促进城乡污染转移实践，尝试工税农补、

城税乡补的生态补偿方式，弥补经济发展不均衡带来的环境影响差异。

2. 积极发展绿色信贷，培育绿色证券，利用绿色金融为农村生态保护提供资金激励。一方面，政府要建立绿色信息数据库，制定环境保护标准，为农村绿色信贷提供平台支持。通过企业污染治理和个人绿色消费信息的统一管理，编制涵盖企业和个人的绿色信息数据库，构筑全社会的绿色信用体系，为农村绿色信贷提供强大的信用支持。设计绿色生产和绿色消费的评估办法和评估标准，及时更新绿色数据信息，做好数据的管理和监督。此外，政府还可以强制命令金融机构必须参与农村绿色贷款方案，通过经济手段激励金融机构严格实施绿色信贷政策。另一方面，努力提高金融机构在农村绿色信贷和证券方面的执行力。银行可以根据绿色金融政策对环保企业和污染企业实行区别的贷款利率，通过价格杠杆支持环保企业的发展并限制污染企业的规模扩张。金融机构通过对环保客户的精细化管理，对企业生产的清洁程度进行层级区分，将其与企业贷款的利率相关联。开设绿色信贷的快速审批通道，为环保企业的扩张提供及时、足量的资金供给。成立专门的政策银行，对生态条件恶劣和污染严重的环境重灾区的清洁企业给予更大力度的信贷支持。

3. 通过非货币方式对积极参与农村生态环境治理行为进行隐形的精神激励。首先，隐形的激励机制主要是对积极参与农村生态环境保护的集体和个人进行名誉奖励，满足人们在安全保护、社会尊重、自我价值实现等方面的需求。完善地方政府的绩效考核机制，促进生态一票否决制的推广实施，加大生态保护工作在政绩考核中的比重，给予农村生态问题更多关注，促进环境治理资源在城乡之间的公平分配。其次，推进农村生态环境教育，加强农民对生态环境的认知。在农村积极开展生态保护的道德教育，放映生态教育影片，印发生态教育读本，开设环保教育专栏，利用道德约束经济建设中对自然环境的破坏行为。同时积极树立农村保护环境的典型个人和集体,积极发挥榜样的力量及其示范的效应,组织生态环境保护突出的集体或个人进行生态教育报告,达到"以点带线,以线带面"的宣传效果。最后,政府为清洁生产技术研发提供平台,提高企业、高校、研究机构等参与技术创新的积极性。协调清洁生产的科学技术人员组成科技推广小组,为引进清洁生产工艺和流程的企业提供免费的设备安装和技术指导,减轻企业引进清洁技术的外部成本。同时,积极引进国外的清洁生产技术,鼓励生产企业采用节水、节能、节电的环保设备,全面推进工业企业的清洁生产。

第五节 结论和进一步研究的方向

一 研究结论

经济的绿色转型和城乡平衡发展问题是制约新时代中国经济发展的重要瓶颈,促进农村经济的绿色转型,建立城乡协同的环境治理机制是一个重要的理论与现实问题。本书从政治经济学的视角出发,提出农村生态破坏和环境污染降低了物质财富和绿色财富的生产能力,农民的自我污染和城市向农村的污染转移损害了农村的生产能力,因此保护农村生态、治理农村环境是推进经济绿色转型、平衡城乡经济发展的重要途径。本书以马克思主义经济学的利益分析为切入点,构建了"利益格局变化—主体行为调整—制度安排规范—激励机制设计"的政治经济学分析框架,对农村生态环境问题进行了理论和实证研究,并提出了新时代背景下农村生态环境治理的政策启示。本书主要的研究结论如下:

1. 政治经济学视域下农村的生态环境问题主要源于农村内部的自

我破坏和外部城市转移进来的污染，两者的核心都是利益格局的变化，本质上是政治经济学问题。

生态破坏和环境污染是制约农村实现绿色发展的主要障碍，农村内部落后的生产方式和来自城市的外部转移是造成农村生态环境问题的两个主要方面。农户在生产过程中对经济利益的过度追逐造成了农村生态的不断退化，这种退化直接制约了农业经济的可持续发展。城市和农村经济发展水平和资源禀赋导致了市民和农民需求结构的差异，这种差异是造成城市污染向农村转移的内在原因。因此，农村生态环境问题是城乡居民、企业和地方政府基于经济发展现实和资源禀赋最大化自身利益的选择结果，其本质上是一个政治经济学问题。

2. 政治经济学视域下农村生态环境问题的核心是利益格局的调整，物质利益诉求是决定人们行为选择的深层驱动力量，农村生态破坏和环境污染是城乡经济主体在既定利益格局中追求自身利益最大化的结果。

长期粗放式的经济增长和城市偏向改变了原有的物质利益格局，从农村自身来看，农户作为生产者和消费者双重角色的承担者，不仅需要通过农业生产实现经济利益的最大化，而且需要清洁的农产品和良好的生活环境实现自身的环境利益。化肥、农药、农用薄膜等物质资料的过量投入在促进农业增产的同时也污染了农村的生产和生活环境。农户对经济利益的过度追逐和淡薄的环境意识造成了农村的自我污染。从城乡需求结构来看，城市相对领先的经济发展水平促进了市民需求结构的优先升级，市民对美好生活环境的诉求和农户对经济利益的渴望导致城市经济利益和农村环境利益的交换，地方政府对短期利益的追逐加快了这一过程。

3. 政治经济学视域下农村生态环境问题的基础是经济主体的行为选择，家庭、企业和地方政府等经济主体在追求利益最大化过程中的消费、生产和监督管理行为使经济发展出现异化现象，是造成农村生态恶化和环境污染的直接原因。

物质利益格局的变化引发了经济主体行为选择的调整，地方政府管理不当、上下级政府之间的利益分化以及横向的府际竞争导致城乡之间的不平衡发展；企业对利润的盲目追求、高污染产业以及生产基地向农村的转移造成生产异化，加剧了农村生态环境压力；城乡家庭对物质消费的贪婪造成了消费异化，城乡消费能力的差异和农村生产要素的出逃造成了城市经济资源和农村环境资源的交易。

4. 政治经济学视域下农村生态环境问题的保障是制度安排，制度是协调社会利益关系的机制，完善的制度安排限定了经济主体行为选择的边界，为农村生态修复和环境治理提供了保障。

制度通过正式和非正式规则的交互作用为利益主体提供了一定的约束，从而发挥利益协调的功能，完善的制度安排是农村经济绿色转型的前提和保障。构建全面系统的农村生态环境制度体系，将生态修复和环境治理转化为一般性的行为准则和制度规范，是引导人们选择绿色的生产方式和生活方式的关键，我国现行正式制度、非正式制度的缺位以及相应实施机制的不完善是农村生态环境恶化的重要原因。

5. 政治经济学视域下农村生态环境问题的导向是激励机制设计，激励机制决定了人们在正确的行为选择集合中行动的主观能动性，科学合理的激励机制是提高经济发展绩效的关键。

激励机制对主体行为的引导和鼓励是对制度安排的有效补充，破解农村生态环境问题必须发挥激励机制的导向性作用。即使人们都在制度规定的范围内行动，个体利益和集体利益的目标保持一致，经济主体付诸行动的积极性和主动性依然会影响经济社会发展规模和效率，而激励机制的设计就是为了保证人们选择行为的积极性和主观能动性。此外，长期稳定的激励机制还对正式制度和非正式制度的调整起到导向性作用。

6. 对农业面源污染的实证研究发现，农户对经济利益的诉求、农户和地方政府的现行激励机制加剧了农业污染水平，而制度安排则对其产生了一定的抑制作用，而且表现出明显的区域异质性。

农业面源污染是经济主体最大化自身利益诉求的结果，农户对经济利益的过度追逐造成化肥、农药、薄膜等农业资源的过度施用，加剧了农业的面源污染。地方政府的城市偏向造成对农业的财政支持力度不足，直接进行农资补贴的政策也不利于农业污染的治理和改善，且地方政府面临的经济增长激励会加剧这一过程。有效的制度安排约束了人们行为选择的边界，能有效降低农业面源污染水平，但由于地区发展水平和发展模式的差异，这一影响表现出明显的区域异质性。

7. 对城乡污染转移的实证研究发现，城乡居民利益诉求的差异是造成污染从城市转移到农村的重要原因，地方政府在增长激励下做出的城市偏向和优先发展经济的行为决策激励加剧了这一过程，而合意的制度安排会显著抑制污染转移。

内在的利益诉求决定了人们的行为选择，因此城乡经济主体的利益诉求差异和地方政府官员的增长激励会直接影响污染从城市向农村的转移过程。而且由于不同污染物的转移方式和给各经济主体带来的利益交换存在明显差异，因此利益诉求和政府行为对固体和气体污染物转移的影响呈现出一定的异质性特征。制度作为利益协调机制能够规范人们的行为选择，因此合理的制度安排能显著抑制污染从城市向农村的转移。进一步的区域异质性检验显示，由于各个区域的发展特征和发展水平的差异造成核心解释变量对污染转移进度的影响存在一定的异质性。

8. 破解农村生态环境应从协调利益关系、规范主体行为、完善制度安排、设计激励机制四个方面入手，建立系统全面的农村生态修复和环境治理机制。

协调利益关系是提高农村环境质量的核心,应通过经济利益和环境利益的融合实现充分发展、区域利益和整体利益的协同推进实现平衡发展、长期利益和短期利益的协调促进中国特色社会主义经济的健康可持续发展。规范主体行为是改善农村生态和环境治理的基础,应引导企业开展清洁生产,尤其要促进工业企业的节能减排,鼓励家庭选择绿色消费,通过市场需求促进环境保护,同时发挥好政府对生态破坏和环境污染行为的监督管理作用。完善制度安排是提高农村环境质量的保障,应不断创新环境制度,完善农村生态环境制度供给,同时加强制度落实的监督与管理,提高地方的执行质量和效率。激励机制设计对提高农村环境质量有积极引导作用,应通过物质激励、资金激励、精神激励等多种方式设计农村生态保护和环境治理的激励机制。

二 不足与进一步研究方向

中国农村的生态保护和环境治理不仅是乡村振兴的重要工程,也是中国特色社会主义推进绿色发展和生态文明建设的主要领域。本书应用马克思主义政治经济学的基本理论,构建了利益格局变化—主体行为调整—制度安排规范—激励机制设计的一般性框架,分析了中国农村生态破坏和环境污染的深层原因,并利用中国省级面板的经验数据进行了进一步检验。但是由于笔者的学术水平和研究视野所限,利用马克思主义政治经济学对中国新时代农村生态环境的研究还有待更深入的研究。具体来说,本书研究的不足和进一步的研究方向主要包括以下三个方面:

(1) 本书研究中实证考察选择中国省际面板数据,考虑到中国行政层级和经济权限,农村具体政策的落实更多靠县级政府,因此进一步的研究应该向市域、县域拓展，对农村生态环境问题中各级地方政府的行为逻辑进行系统考察。

（2）基于数据可得性的限制，本书在实证分析中设计的指标较为宏观，缺少对农户和居民微观行为数据的考察，尤其是城乡污染转移的被解释变量，气体和固定污染物转移的数据略显牵强，制度变量的针对性也有待进一步完善。这既是本书的不足，也是进一步研究的方向，即：利用微观数据对变量测度进行多指标多维度考察，利用空间计量方法对城乡污染转移进行更深入更客观的研究。

（3）改善农村生态环境、满足农民对美好生活的需要任重道远，纠正资源配置和经济政策的城镇偏向必须创新制度供给、构建城乡共享发展的生态环境制度体系，而且必须对所有经济主体进行激励，结合地区的自然生态特征，因地制宜地建立系统全面的政策体系。这是一项宏大而艰难的探索，也是本书进一步研究的方向。

参考文献

一　中文文献

(一) 著作

马克思：《1844年经济学哲学手稿》，人民出版社2000年版。

马克思：《政治经济学批判大纲（草稿)》第3分册，人民出版社1963年版。

马克思：《资本论》第1卷，人民出版社2004年版。

马克思：《资本论》第2卷，人民出版社2004年版。

马克思：《资本论》第3卷，人民出版社2004年版。

《马克思恩格斯选集》第1卷，人民出版社1995年版。

《马克思恩格斯文集》第1卷，人民出版社2009年版。

《马克思恩格斯选集》第2卷，人民出版社1995年版。

《马克思恩格斯选集》第3卷，人民出版社1995年版。

《马克思恩格斯全集》第3卷，人民出版社2002年版。

《马克思恩格斯选集》第4卷，人民出版社1995年版。

《马克思恩格斯全集》第9卷，人民出版社1973年版。

《马克思恩格斯文集》第 9 卷，人民出版社 2009 年版。
《马克思恩格斯全集》第 21 卷，人民出版社 1965 年版。
《马克思恩格斯全集》第 23 卷，人民出版社 1972 年版。
《马克思恩格斯全集》第 24 卷，人民出版社 1995 年版。
《马克思恩格斯全集》第 25 卷，人民出版社 1974 年版。
《马克思恩格斯全集》第 26 卷，人民出版社 1972 年版。
《马克思恩格斯全集》第 31 卷，人民出版社 1998 年版。
《马克思恩格斯全集》第 47 卷，人民出版社 1979 年版。
《列宁全集》第 16 卷，人民出版社 1988 年版。
《列宁全集》第 55 卷，人民出版社 1990 年版。
《毛泽东文集》第 7 卷，人民出版社 1999 年版。
《邓小平文选》第一卷，人民出版社 1994 年版。
《邓小平文选》第二卷，人民出版社 1994 年版。
《习近平关于社会主义生态文明建设论述摘编》，中央文献出版社 2017 年版。
《习近平总书记系列重要讲话读本》，学习出版社、人民出版社 2016 年版。

白永秀、任保平：《现代政治经济学》，高等教育出版社 2008 年版。
曹东等：《中国工业污染经济学》，环境科学出版社 1999 年版。
道格拉斯·C. 诺斯：《制度、制度变迁与经济绩效》，杭行译，韦森译审，格致出版社、上海人民出版社 2016 年版。
樊纲、王小鲁、朱恒鹏：《中国市场化指数·各省区市场化相对进程 2011 年度报告》，经济科学出版社 2011 年版。
费孝通：《乡土中国》，上海人民出版社 2013 年版。
傅军：《国富之道——国家治理体系现代化的实证研究》，北京大学出版社 2014 年版。

洪远朋等：《利益关系总论》，复旦大学出版社 2011 年版。

洪远朋等：《社会利益关系演进论》，复旦大学出版社 2006 年版。

黄万华：《环境效应研究——以区域竞争为视角》，人民日报出版社 2016 年版。

解媛媛：《威廉·莱斯生态学马克思主义需要理论》，硕士学位论文，哈尔滨工业大学，2014 年。

莱斯特·R. 布朗：《B 模式——拯救地球 延续文明》，林自新、暴永宁译，东方出版社 2006 年版。

梁庚尧、刘淑芬：《城市与乡村》，中国大百科全书出版社 2005 年版。

梁流涛：《农村生态环境时空特征及其演变规律研究》，博士学位论文，南京农业大学，2009 年。

刘思华：《生态文明与绿色低碳经济发展总论》，中国财政经济出版社 2011 年版。

卢梭：《社会契约论》，商务印书馆出版社 1996 年版。

卢现祥：《新制度经济学》，武汉大学出版社 2004 年版。

罗能生：《非正式制度与中国经济改革和发展》，中国财政经济出版社 2002 年版。

马克斯·韦伯：《新教伦理与资本主义精神》，生活·读书·新知三联书店 1987 年版。

苗红娜：《制度变迁与工人行动选择：中国转型期国家—企业—工人关系研究》，江苏人民出版社 2015 年版。

潘家华：《持续发展途径的经济学分析》，中国人民大学出版社 1997 年版。

世界环境与发展委员会：《我们共同的未来》，吉林人民出版社 1997

年版。

汤鹏：《中国乡镇企业的变迁》，北京理工大学出版社 2013 年版。

王鸿涌：《太湖无锡地区水资源保护和水污染防治》，中国水利水电出版社 2009 年版。

王伟光：《利益论》，人民出版社 2010 年版。

王小鲁、樊纲、余静文：《中国分省份市场化指数报告（2016）》，社会科学文献出版社 2016 年版。

王珏编著：《重读〈资本论〉（第二卷）》，人民出版社 1998 年版。

约翰·福斯特：《生态危机与资本主义》，上海译文出版社 2006 年版。

詹姆斯·奥康纳：《自然的理由——生态学马克思主义研究》，南京大学出版社 2003 年版。

张锋：《中国化肥投入的面源污染问题研究》，博士学位论文，南京农业大学，2011 年。

张培刚：《农业与工业化》，华中工学院出版社 1984 年版。

张培刚：《农业与工业化》，中国人民大学出版社 2014 年版。

张培刚：《农业与工业化中下合卷》，华中科技大学出版社 2002 年版。

赵细康：《环境保护与产业国际竞争力：理论与实证分析》，中国社会科学出版社 2003 年版。

中国科学院国情分析研究小组：《城市与乡村》，科学出版社 1996 年版。

周黎安：《转型中的地方政府：官员激励与治理》，格致出版社 2008 年版。

朱玉龙：《中国农村土地流转问题研究》，博士学位论文，中国社会科学院研究生院，2017 年。

祖田修：《农学原论》，中国人民大学出版社 2003 年版。

（二）期刊

蔡昉、杨涛：《城乡收入差距的政治经济学》，《中国社会科学》2000 年第 4 期。

曹胜亮、黄学里：《城镇化进程与我国农村生态保护》，《中南财经政法大学学报》2011 年第 4 期。

钞小静、沈坤荣：《城乡收入差距、劳动力质量与中国经济增长》，《经济研究》2014 年第 6 期。

陈锡文：《环境问题与中国农村发展》，《管理世界》2002 年第 1 期。

陈玉成、杨志敏、陈庆华等：《基于"压力—响应—态势"的重庆市农业面源污染的源解析》，《中国农业科学》2008 年第 8 期。

陈志勇、陈思霞：《制度环境、地方政府投资冲动与财政预算软约束》，《经济研究》2014 年第 3 期。

邓宏图、宋高燕：《学历分布、制度质量与地区经济增长路径的分岔》，《经济研究》2016 年第 9 期。

董利红、严太华、邹庆：《制度质量、技术创新的挤出效应与资源诅咒——基于我国省际面板数据的实证分析》，《科研管理》2015 年第 2 期。

杜伟、杨志江、夏国平：《人力资本推动经济增长的作用机制研究》，《中国软科学》2014 年第 8 期。

杜焱强、刘平养、包存宽、苏时鹏：《社会资本视阈下的农村环境治理研究——以欠发达地区 J 村养殖污染为个案》，《公共管理学报》2016 年第 4 期。

房宇：《农村环境污染现状及原因的法律分析》，《农业经济》2016 年第 5 期。

冯孝杰、魏朝富、谢德体、邵景安、张彭成：《农户经营行为的农业面源污染效应及模型分析》，《中国农学通报》2005年第12期。

冯之浚、周荣：《低碳经济：中国实现绿色发展的根本途径》，《中国人口·资源与环境》2010年第4期。

高奇、师学义、张琛、张美荣、马桦薇：《县域农业生态环境质量动态评价及预测》，《农业工程学报》2014年第5期。

葛继红、周曙东：《农业面源污染的经济影响因素分析——基于1978—2009年的江苏省数据》，《中国农村经济》2011年第5期。

葛继红、周曙东：《要素市场扭曲是否激发了农业面源污染——以化肥为例》，《农业经济问题》2012年第3期。

耿言虎：《生态视域下的森林管理制度变迁及其反思》，《中国农业大学学报》（社会科学版）2015年第5期。

管爱华：《农村生态文明建设中农民的价值观转换》，《马克思主义与现实》2009年第1期。

郭琰：《环境正义与中国农村环境问题》，《学术论坛》2008年第7期。

郝英群、赵晓军、周扣洪、张宗祥、张峰、卜冬青：《农村环境质量评价方法研究——以江苏省泰州市姜堰沈高镇河横村为例》，《中国环境监测》2011年第3期。

何爱平、李雪娇、邓金钱：《习近平新时代绿色发展的理论创新研究》，《经济学家》2018年第6期。

何凌云、黄季焜：《土地使用权的稳定性与肥料使用——广东省实证研究》，《中国农村观察》2001年第5期。

洪大用：《当代中国环境公平问题的三种表现》，《江苏社会科学》2001年第3期。

洪银兴：《构建解放、发展和保护生产力的系统性经济学说》，《经济学家》2016年第3期。

洪远朋、陈波：《改革开放三十年来我国社会利益关系的十大变化》，《马克思主义研究》2008年第9期。

侯俊东、吕军、尹伟峰：《农户经营行为对农村生态环境影响研究》，《中国人口·资源与环境》2012年第3期。

侯伟丽：《21世纪中国绿色发展问题研究》，《南都学刊》2004年第3期。

侯伟丽：《论农村工业化与环境质量》，《经济评论》2004年第4期。

侯伟丽、方浪、刘硕：《"污染避难所"在中国是否存在？——环境管制与污染密集型产业区际转移的实证研究》，《经济评论》2013年第4期。

胡鞍钢、周绍杰：《绿色发展：功能界定、机制分析与发展战略》，《中国人口·资源与环境》2014年第1期。

黄帝荣：《中国农村环境的劣化与动因》，《求索》2006年第11期。

黄季焜、刘莹：《农村环境污染情况及影响因素分析——来自全国百村的实证分析》，《管理学报》2010年第11期。

黄茂兴、叶琪：《马克思主义绿色发展观与当代中国的绿色发展——兼评环境与发展不相容论》，《经济研究》2017年第6期。

蒋南平、向仁康：《中国经济绿色发展的若干问题》，《当代经济研究》2013年第2期。

孔凡斌、李华旭：《长江经济带产业梯度转移及其环境效应分析——基于沿江地区11个省（市）2006—2015年统计数据》，《贵州社会科学》2017年第9期。

孔令丞、李慧：《环境规制下的区域污染产业转移特征研究》，《当代经济管理》2017年第5期。

雷波、张丽、夏婷婷、吴亚坤、范例：《基于层次分析法的重庆市新农村生态环境质量评价模型》，《北京工业大学学报》2011年第9期。

李长健、王君健、陈志科:《城镇化背景下农村环境保护法律问题探究》,《时代法学》2009年第1期。

李方一、刘卫东、唐志鹏:《中国区域间隐含污染转移研究》,《地理学报》2013年第6期。

李飞、董锁成、李宇、黄永斌:《中国东部沿海地区农业污染风险地域分异研究》,《资源科学》2014年第4期。

李桂兰、唐玉:《农村生态治理难在哪,如何破解》,《人民论坛》2017年第3期。

李海鹏、张俊飚:《中国农业面源污染的区域分异研究》,《中国农业资源与区划》2009年第2期。

李海鹏、张俊飚:《中国农业面源污染与经济发展关系的实证研究》,《长江流域资源与环境》2009年第6期。

李虹、熊振兴:《生态占用、绿色发展与环境税改革》,《经济研究》2017年第7期。

李建琴:《农村环境治理中的体制创新——以浙江省长兴县为例》,《中国农村经济》2006年第9期。

李洁、周应恒:《农村环境教育在控制农村面源污染中的作用》,《南京农业大学学报》2007年第3期。

李君、吕火明、梁康康、张龙江:《基于乡镇管理者视角的农村环境综合整治政策实践分析——来自全国部分省(区、市)195个乡镇的调查数据》,《中国农村经济》2011年第2期。

李铜山:《论农村环境保护及其机制创新》,《贵州社会科学》2005年第3期。

李玮玮、朱晓东:《新农村建设背景下农村环境问题浅析》,《农村经济》2008年第4期。

李文强、刘文荣、马小明:《城镇发展中的污染转移问题》,《四川环境》2005 年第 4 期。

李小平、卢现祥：《国际贸易、污染产业转移和中国工业 CO_2 排放》，《经济研究》2010 年第 1 期。

李晓西、刘一萌、宋涛：《人类绿色发展指数的测算》，《中国社会科学》2014 年第 6 期。

李学增、程学斌：《中国城市各阶层的利益差距》，《中国社会科学》1997 年第 6 期。

李雪娇、何爱平：《城乡污染转移的利益悖论及对策研究》，《中国人口·资源与环境》2016 年第 8 期。

李雪娇、何爱平：《绿色发展的制约因素及其路径拿捏》，《改革》2016 年第 6 期。

李雪娇、金靖壹：《农民共享发展成果的政治经济学分析》，《改革与战略》2017 年第 5 期。

李妍：《农业生态环境质量的综合评价模型构建与实证分析——以绍兴上虞区为例》，《中国农业资源与区划》2017 年第 3 期。

李颖明、李晓娟、宋建新：《城市环境管理系统及运行机制研究》，《生态经济》2011 年第 6 期。

李咏梅：《农村生态环境治理中的公众参与度探析》，《农村经济》2015 年第 12 期。

李周、尹晓青、包晓斌：《乡镇企业与环境污染》，《中国农村观察》1999 年第 3 期。

梁流涛：《基于突变级数模型的农村生态环境压力评价》，《干旱区资源与环境》2013 年第 7 期。

梁流涛、冯淑怡、曲福田：《农业面源污染形成机制：理论与实证》，《中国人口·资源与环境》2010 年第 4 期。

梁流涛、曲福田、冯淑怡：《经济发展与农业面源污染：分解模型与实证研究》,《长江流域资源与环境》2013 年第 10 期。

林伯强、邹楚沅:《发展阶段变迁与中国环境政策选择》,《中国社会科学》2014 年第 5 期。

刘慧:《城镇化进程中农村环境保护执法改革研究》,《人民论坛》2013 年第 33 期。

刘平养:《快速城市化对农村环境整治的影响和挑战研究》,《环境科学与管理》2016 年第 2 期。

刘晓光、侯晓菁:《中国农村生态文明建设政策的制度分析》,《中国人口·资源与环境》2015 年第 11 期。

刘晓光、张勋、方文全:《基础设施的城乡收入分配效应:基于劳动力转移的视角》,《世界经济》2015 年第 3 期。

刘莹、王凤:《农户生活垃圾处置方式的实证分析》,《中国农村经济》2012 年第 3 期。

刘勇:《农村面源污染整治主体及其责任优化思路研究——基于对太湖流域水环境综合治理的分析》,《福建论坛》2016 年第 9 期。

柳新元:《制度安排的实施机制与制度安排的绩效》,《经济评论》2002 年第 4 期。

卢现祥:《论发展低碳经济中的"吉登斯悖论"》,《贵州社会科学》2013 年第 5 期。

卢现祥:《马克思是制度经济学家吗》,《经济学家》2006 年第 3 期。

陆铭、冯皓:《集聚与减排:城市规模差距影响工业污染强度的经验研究》,《世界经济》2014 年第 7 期。

陆旸:《从开放宏观的视角看环境污染问题:一个综述》,《经济研究》2012 年第 2 期。

栾江:《农业劳动力转移与化肥施用存在要素替代关系吗?——来自我国粮食主要种植省份的经验证据》,《西部论坛》2017 年第 4 期。

骆永民：《中国城乡基础设施差距的经济效应分析——基于空间面板计量模型》，《中国农村经济》2010 年第 3 期。

马广文、何立环、王晓斐、王业耀、刘海江、董贵华：《农村环境质量综合评价方法及典型区应用》，《中国环境监测》2014 年第 5 期。

马广文、王晓斐、王业耀、王光、白长寿、何立环：《我国典型村庄农村环境质量监测与评价》，《中国环境监测》2016 年第 1 期。

马骥、蔡晓羽：《农户降低氮肥施用量的意愿及其影响因素分析——以华北平原为例》，《中国农村经济》2007 年第 9 期。

闵继胜：《改革开放以来农村环境治理的变迁》，《改革》2016 年第 3 期。

闵继胜、孔祥智：《我国农业面源污染问题的研究进展》，《华中农业大学学报》（社会科学版）2016 年第 2 期。

宁昭玉、魏远竹、徐学荣：《福建农村生态环境现状与评价指标体系构建》，《环境科学与管理》2008 年第 2 期。

牛玉兵、刘钦：《城镇化进程中农村环境治理法律机制分析》，《农业经济》2017 年第 3 期。

彭小霞：《我国农村生态环境治理的社区参与机制探析》，《理论月刊》2016 年第 11 期。

邱雨：《双向型塑："逆城市化意识"与农村生态治理》，《湖北职业技术学院学报》2016 年第 2 期。

全为民、严力蛟：《农业面源污染对水体富营养化的影响及其防治措施》，《生态学报》2002 年第 3 期。

冉冉：《道德激励、纪律惩戒与地方环境政策的执行困境》，《经济社会体制比较》2015 年第 2 期。

饶旭鹏：《非正式制度与农村社会治理：一个尝试性的分析框架》，《佳木斯大学社会科学学报》2015 年第 2 期。

芮菡艺、朱琳、赵克强、孙勤芳、朱洪标、张卫东、朱沁园：《农村环境质量综合评估方法及实证研究》，《生态与农村环境学报》2016年第5期。

邵燕斐、王小斌：《中国交通基础设施对城乡收入差距影响的空间溢出效应》，《技术经济》2015年第11期。

申伟宁、福元健志、张韩模：《京津冀区域收入差距与环境质量关系的实证研究》，《干旱区资源与环境》2017年第11期。

沈费伟、刘祖云：《农村环境善治的逻辑重塑——基于利益相关者理论的分析》，《中国人口·资源与环境》2016年第5期。

沈坤荣、金刚、方娴：《环境规制引起了污染就近转移吗？》，《经济研究》2017年第5期。

师华定、齐永青、刘韵：《农村能源消费的环境效应研究》，《中国人口·资源与环境》2010年第8期。

舒基元、杨峥：《环境安全的新挑战：经济全球化下环境污染转移》，《中国人口·资源与环境》2003年第3期。

宋艳丽主编：《学而时习之——读懂新时代的100个关键词》，人民出版社2018年版。

苏杨、马宙宙：《我国农村现代化进程中的环境污染问题及对策研究》，《中国人口·资源与环境》2006年第2期。

孙剑、乐永海：《长江中下游流域农村环境质量变化及影响因素研究》，《长江流域资源与环境》2012年第3期。

孙勤芳、赵克强、朱琳、芮菡艺、朱洪标、鞠昌华、张卫东、朱沁园：《农村环境质量综合评估指标体系研究》，《生态与农村环境学报》2015年第1期。

唐萍萍、李世平：《应重视农村劳动力转移的环境影响》，《环境保护》2011年第19期。

唐跃军、左晶晶、李汇东：《制度环境变迁对公司慈善行为的影响机制研究》，《经济研究》2014年第2期。

王江、吴维：《产业污染向农村转移的法律防控研究》，《管理世界》2016年第7期。

王良健、蒋婷：《我国农村环境质量的时空分异与农村经济发展的门槛效应——基于ESDA—GIS与门槛回归模型》，《农业现代化研究》2017年第1期。

王玲玲、张艳国：《"绿色发展"内涵探微》，《社会主义研究》2012年第5期。

王武朝：《"空心化"趋势下乡村治理的对策研究》，《农业经济》2017年第10期。

王晓君、吴敬学、蒋和平：《中国农村生态环境质量动态评价及未来发展趋势预测》，《自然资源学报》2017年第5期。

魏玮、毕超：《环境规制、区际产业转移与污染避难所效应——基于省级面板Poisson模型的实证分析》，《山西财经大学学报》2011年第8期。

温莲香：《论马克思生产力理论中的自然力向度》，《当代经济研究》2013年第2期。

吴苑华：《深入理解习近平的绿色发展思想》，《马克思主义研究》2016年第10期。

肖萍：《论我国农村环境污染的治理及立法完善》，《江西社会科学》2011年第6期。

谢里、王瑾瑾：《中国农村绿色发展绩效的空间差异》，《中国人口·资源与环境》2016年第6期。

徐光宇、徐明德、王海蓉、徐红：《基于GIS的农村环境质量综合评价》，《干旱区资源与环境》2015年第7期。

徐海根、叶亚平：《农村环境质量区划原则及指标体系》，《农村生态环境》1994年第3期。

徐礼德、仝允桓：《中国农村清洁能源发展分析及建议》，《中国人口·资源与环境》2011年第7期。

许和连、邓玉萍：《外商直接投资导致了中国的环境污染吗？——基于中国省际面板数据的空间计量研究》，《管理世界》2012年第2期。

杨爱玲、朱颜明：《地表水环境非点源污染研究》，《环境科学进展》1999年第7期。

于法稳：《新型城镇化背景下农村生态治理的对策研究》，《城市与环境研究》2017年第2期。

于伟咏、漆雁斌、余华：《农资补贴对化肥面源污染效应的实证研究——基于省级面板数据》，《农村经济》2017年第2期。

于文柱：《应用多层次模糊综合评价法评价齐齐哈尔市农村生态环境》，《黑龙江环境通报》2005年第2期。

曾小溪、曾福生：《基于二元经济结构的城乡间污染转移问题研究》，《经济问题探索》2011年第3期。

张成、周波、吕慕彦、刘小峰：《西部大开发是否导致了"污染避难所"？——基于直接诱发和间接传导的角度》，《中国人口·资源与环境》2017年第4期。

张晖、胡浩：《农业面源污染的环境库兹涅茨曲线验证——基于江苏省时序数据的分析》，《中国农村经济》2009年第4期。

张淑荣、陈利顶、傅伯杰：《农业区非点源污染敏感性评价的一种方法》，《水土保持学报》2001年第2期。

张铁亮、刘凤枝、李玉浸、郑向群、师荣光、沃飞、刘岩：《农村环境质量监测与评价指标体系研究》，《环境监测管理与技术》2009年第6期。

张维庆：《关于建设生态文明的思考》，《人口研究》2009 年第 5 期。

张燕、侯娟：《农村环境责任保险制度实施之动因及策略》，《中国人口·资源与环境》2013 年第 7 期。

张志辉：《我国对外贸易与污染产业转移的实证分析》，《国际贸易问题》2006 年第 12 期。

赵辉：《城镇化进程中农村生态环境保护的法律制度缺陷与对策》，《河南财经政法大学学报》2015 年第 4 期。

郑易生：《环境污染转移现象对社会经济的影响》，《中国农村经济》2002 年第 2 期。

郑有贵：《1978 年以来农业技术政策的演变及其对农业生产发展的影响》，《中国农史》2000 年第 1 期。

钟宁桦：《农村工业化还能走多远？》，《经济研究》2011 年第 1 期。

周黎安：《行政发包制》，《社会》2014 年第 6 期。

周黎安：《中国地方官员的晋升锦标赛模式研究》，《经济研究》2007 年第 7 期。

周曙东、刘成龙、乔辉：《"环境污染梯度转移"假说及其检验》，《南京社会科学》2015 年第 5 期。

朱平芳、张征宇、姜国麟：《FDI 与环境规制：基于地方分权视角的实证研究》，《经济研究》2011 年第 6 期。

诸大建：《绿色经济新理念及中国开展绿色经济研究的思考》，《中国人口·资源与环境》2012 年第 5 期。

（三）报纸

高云才：《乡村振兴，五个方面都要强》，《人民日报》2018 年 3 月 25 日第 9 版。

洪银兴：《学好用好政治经济学》，《光明日报》2015 年 1 月 21 日第 15 版。

潘家华：《推进绿色发展，建设美丽中国》，《经济日报》2018年2月8日第13版。

习近平：《为建设世界科技强国而奋斗——在全国科技创新大会、两院院士大会、中国科协第九次全国代表大会上的讲话》，《人民日报》2016年5月30日第2版。

二 英文文献

Allen Buchnan, *Revolutionary Motivation and Rationality*, in Marshall Cohen, Tomas Nagel, and Thomas Scanlon (eds.), Marx, Justice, and History, Princeton, New Jersey: Princeton University Press, 1980.

Anastasio Xepapadeas, *Controlling Environmental Externalities: Observability and Optimal Policy Rules*, in T. Tomasi and C. Dorsi, eds, Nonpoint Source Pollution Regulation: Issues and Policy Analysis, 67–86. Dortrecht: Kluwer Academic Publishers, 1994.

Boulding, K., Earth as a Spaceship, *Rachels Democracy & Health News*, 1966.

Braden, J. B. & Segerson, K., *Information Problems in the Design of Nonpoint-Source Pollution Policy*, in Russell, C. S. and J. F. Shogren (eds.) Theory, Modeling, and Experience in the Management of Nonpoint-Source Pollution, Boston, MA: Kluwer Academic Publishers, 1993.

Coase, R. H., The Problem of Social Cost, *Journal of Law & Economics*, 1960, 3 (4): 1–44.

Collier, P., Jones, P., et al., *Transforming Dar es Salaam into a City That Works: The Path to Prosperity*, Tanzania, 2017.

Dale, S. R., Environmental Kuznets Curves—Real Progress or Passing Buck? A Case for Consumption-based Approaches, *Ecological Economics*, 1998, 25: 177 – 194.

Daly Herman, E., The Economics of the Steady State, *American Economic Review*, 1974, 64 (2): 15 – 21.

Dosi, C. & Moretto, M., *Nonpoint Source Externalities and Polluter's Site Quality Standards under Incomplete Information*, In Non-point Source Pollution Regulation: Issues and Policy Analysis, edited by Tomasi, T. and Dortrecht, C. D.: Kluwer Academic Publishers, 1994.

Eghball, B., J. E. Gilley, L. A. Kramer, et al., Narrow grass hedge effects on phosphorus and nitrogen in runoff following manure and fertilizer application, *Journal of Soil and Water Conservation*, 2000, 55 (2): 172 – 176.

Eskeland, G. S. & A. E. Harrison, "Moving to Greener Pastures? Multinationals and the Pollution Haven Hypothesis", *Journal of Development Economics*, 2003, 70 (1): 1 – 23.

Ferng, J., Toward a Scenario Analysis Framework for Energy Footprints, *Ecological Economics*, 2002, 40 (1): 53 – 70.

Giddings, B., Hopwood, B., O'Brien, G., Environment, Economy and society: Fitting Them Together into Sustainable Development, *Sustainable Development*, 2002, 10 (4): 187 – 196.

Griffin, R. C., Bromley, D. W., Agricultural Runoff as a Nonpoint Externality: A Theoretical Development, *American Journal of Agricultural Economics*, 1983, 70: 37 – 49.

Gro Harlem Brundtland, Our Common Future—Call for Action, *Environmental Conservation*, 1987, 14 (4): 291 – 294.

Grossman, G. M. and Krueger, A. B., Economic Growth and the Environment, *Quarterly Journal of Economics*, 1995, 110: 353 – 377.

Helfand, G. E., House, B. W., Regulating Nonpoint Source Pollution under Heterogeneous Conditions, *American Journal of Agricultural Economics*, 1995, 77 (4): 1024 – 1032.

James, S. Shortle, Richard, D. Horan and David, G. Abler, "Research Issues in Nonpoint Pollution Control", *Environmental and Resource Economics*, 1997, 11 (3 – 4): 571 – 585. Dortreeht: Kluwer Academic Publishers.

Javorcik, B. S. and S. J. Wei, "Pollution Havens and Foreign Direct lnvestment: Dirtv Secretor Popular Myth?", *Jourral of Economic Analysis and Policy*, 2004, 4 (2) .

Johnson, Scott, L., Adams, Richard, M., Gregory, M. Perry, The On-Farm Costs of Reducing Groundwater Pollution, *American Journal of Agricultural Economics*, 1991, 73 (4): 1063 – 73.

Larson Douglas, M., Gloria, E. Helfand, Brett, W. House, Second-Best Tax Policies to Reduce Nonpoint Source Pollution, *American Journal of Agricultural Economics*, 1996, 78 (4): 1108 – 1117.

Levin, A., Lin, C. F., Chu, Unit root tests in panel data: Asymptotic and finite-sample lewis Properties, *Journal of Econometrics*, 2002, 108: 1 – 24.

List, J. A., McHone, W. W., Millimet, D. L., "Effects of environmental regulation on foreign and domestic plant births: is there a home field advantage?", *Journal of Urban Economics*, 2004, 56 (2): 303 – 326.

Maddala, G. S. S., Wu., A Comparative Study of Unit Root Tests With Panel Data and A new Simple Test, *Oxford Bulletin of Econometrics and Statistics*, 1999, 61: 631 – 652.

Marjan, W., Holkes, Environmental policies, *Environmental and Resource Economics*, 2001, 20: 1 – 26. 2001 Kluwer Academic Publishers.

Mcafee, K., Green Economy and Carbon Markets for Conservation and Development: a Critical View, *International Environmental Agreements Politics Law & Economics*, 2016, 16 (3): 333 – 353.

Meadows, D., The Limits of Growth, A Report for The Club of Rome's Project on the Predicament of Mankind, New York: Universe Books, 1972.

Mishan, E. J., The costs of economic growth, *Journal of Finance*, 1967, 24 (3): 561.

Mol, A. P. J., Sonnenfeld, D. A., Ecological Modernisation around the World: Perspectives and Critical Debates, *Environmental Politics*, 2000, 9 (1): 1 – 14.

Nicolas Moussiopoulos, Charisios Achillas, Environmental, Social and Economic Information Management for the Evaluation f Sustainability in Urban areas: A system of indicators for Thessaloniki, Greece, *Cities*, 2010, (27): 377 – 384.

Norton, B. G., *Sustainability: a Philosophy of Adaptive Ecosystem Management*, Chicago: University of Chicago Press, 2005.

Pearce, D., Foundations of an Ecological Economics, *Ecological Modelling*, 1987, 38 (1 – 2): 9 – 18.

Pigou, A. C., *The Economics of Welfare*, China Social Sciences Publishing House, 1999.

Porter, M. E., Van der linde, C., Toward a New Conception of the Environment-comptetitiveness Relationship, *The Journal of Economic Perspectives*, 1995, 9 (4): 97 – 118.

Rachel Carson, *Silent Spring*, Houghton Mifflin Harcourt, 1962.

Ramu Govindasamy, Joseph, A., Herriges and Jason, F., Shogren, Nonpoint Tournaments, in T. Tomasi and C. Dosi, eds., Nonpoint Source Pollution Regulation: Issues and Policy Analysis, 1994, 87 - 105. Dortrecht: Kluwer Academic Publishers.

Ribaudo, M. O., C. T. Osbom, K. Konyar, Land Retirement as a Tool for Reducing Agricultural Nonpoint Sources Pollution, *Land Economics*, 1994, 70 (1): 77 - 87.

Robert Costanza, *Social Goals and the Valuation of Ecosystem Services*, Ecosystem, 2000.

Sabit Diyar, Aigul Akparova, Azamat Toktabayev, et al., Green Economy-Innovation-based Development of Kazakhstan, *Procedia-Social and Behavioral Sciences*, 2014, 140: 695 - 699.

Segerson, K., "Uncertainty and Incentives for Nonpoint Pollution Control", Journal of Environment Economics and Management, 1988, 15: 87 - 89.

Tan Manzhi, Xu Fangming, Chen Jie, et al., Spatia Prediction of Heavy Metal Pollution for Soils in Peri-urban Beijing, China based on fuzzy set theory, *Pedosphere*, 2006, 16 (5): 545 - 554.

Vickner, Steven, S., et al., A Dynamic Economic Analysis of Nitrate Leaching in Corn Production under Nonuniform Irrigation Conditions, *American Journal of Agricultural Economics*, 1998, 80 (2): 397 - 408.

Xing, Y. and C. D. Kolstad, "Do Lax Environmental Regulations Attract Foreign Investment?", *Environmental and Resource Economics*, 2002, 21 (1): 1 - 22.